GÜTERSLOHER
VERLAGSHAUS

BIRGIT GEGIER STEINER

ARTGERECHTE HALTUNG

ES IST ZEIT FÜR EINE JUNGENGERECHTE ERZIEHUNG

GÜTERSLOHER VERLAGSHAUS

VORBEMERKUNG

Ich wünsche mir, mit meinen Beispielen aus der pädagogischen Praxis und der kritischen Auseinandersetzung mit unserer erzieherischen Realität …

- Zustimmung, aber auch
- konstruktive Kritik
- Diskussionsbereitschaft
- Gelassenheit im Umgang mit diesem Thema
- gelegentliches Schmunzeln
- ein Umdenken bei Eltern und Pädagogen

… zu bewirken.

Ich danke von Herzen meinem Mann Matthias, der mir half, das Rätsel »Jungen« ein bisschen zu entschlüsseln und mich ermutigte, für sie Stellung zu beziehen.

Die beschriebenen Vorgänge haben alle tatsächlich stattgefunden. Die Namen der Protagonisten wurden im Sinn des Persönlichkeitsrechts geändert.

INHALT

Vorwort – »Und wie du wieder aussiehst …« 6

1. JUNGEN SIND ANDERS 11
2. CHANCENGLEICHHEITSWAHN 23
3. ANFASSEN ERLAUBT 36
4. WENN ES BRODELT, MUSS ES RAUS - BEWEGUNG ALS KATALYSATOR 54
5. ZWISCHEN BAUCHGEFÜHL UND WISSENSCHAFT 81
6. DAS FUSSBALLDIDAKTISCHE ERZIEHUNGSPRINZIP 94
7. WILDE KERLE, ABENTEURER UND KLEINE FORSCHER 107
8. JUNGEN SIND GRENZGÄNGER 125
9. JUNGEN BRAUCHEN FÜHRUNG 144
10. HELIKOPTERELTERN UND ÜBERMÜTTER 166
11. AUCH DAS HABEN SÖHNE - ADHS 186
12. AB HEUTE MACHEN WIR ES ANDERS! 207

Schlusswort 247
Literatur 252

VORWORT – »UND WIE DU WIEDER AUSSIEHST ...«

Ständig schlägt sich unser Sohn das Knie auf! Nach dem Spielen sind seine Hosen durchgewetzt und schmutzig. Er ist in Prügeleien verwickelt, tobt lautstark herum und fasst alles an. Jedes Holzstück mutiert in seinen Händen zu einem Ritterschwert oder einer Laserkanone. Die Auswahl seiner Freunde erschreckt uns, die Klagen über sein Verhalten machen uns Angst!

Die Ergebnisse beim Diktat sind eine Katastrophe, die Noten peinlich schlechter als bei der kleinen süßen Luise aus dem Nachbarhaus.

Gewiss hat er ADHS oder leidet zumindest unter einer Lese-Rechtschreib-Schwäche.

Er ist ein kleiner Rebell auf kurzen Beinen – ständig in Bewegung oder in Konflikte verstrickt – so haben wir uns unser Kind nicht gewünscht! Wir sind überfordert mit der Energie, die aus ihm rund um die Uhr heraussprudelt.

Und wir haben Angst! Angst davor, dass unser Sohn ein »Bildungsverlierer« wird. Dass andere – vor allem die Mädchen – an ihm vorbeiziehen. Wir haben Angst davor, dass er seinen Weg nicht findet und den falschen Freunden folgt. Wir haben Angst davor, dass er seine Bewegungsmotivation und seinen Drang nach Grenzüberschreitung als Hooligan, als Rechtsradikaler in Springerstiefeln oder als Dschihadist auslebt.

Wer einen Sohn hat, kennt diese bedrückenden Gedanken gewiss. Die Sorge, dass aus diesem kleinen Energiebündel ein rebellischer Nichtsnutz werden könnte, treibt uns um.

Schließlich haben wir es ja auch schwarz auf weiß: Unsere Jungs *sind* die Bildungsverlierer der Nation! Es war ein schleichender Prozess. In den letzten Jahrzehnten standen ausschließlich die Mädchen im Fokus. Sie waren benachteiligt. Ihnen musste geholfen werden. Sie hat man in ihrer Entwicklung unterstützt.

Und nun? Eltern, Erzieher und Lehrer suchen Rat: Weshalb konnte es so weit kommen? Was hat sich geändert? Stülpen wir den Jungen ein Erziehungsmodell über, mit dem sie nicht zurechtkommen können? Haben wir unsere Wertehaltung und Erziehung feminisiert? Es scheint so, als wollten wir das Jungenhafte in den Jungs abschaffen – weil es so anstrengend ist, weil wir bequem geworden sind, weil sich unsere Vorstellung, wie Jungs zu ticken haben, nicht mehr mit der Realität deckt.

UNSERE VORSTELLUNG, WIE JUNGS ZU TICKEN HABEN, DECKT SICH NICHT MEHR MIT DER REALITÄT.

Nicht nur die häusliche Erziehung, nein, unser ganzes Bildungssystem ist inzwischen auf die Entwicklungsförderung von Mädchen zugeschnitten. Für die Bedürfnisse unserer Jungs bleibt da kein Platz mehr!

Die schlechte Nachricht ist: Die Angst der Eltern ist berechtigt. Die Geschichte zeigt uns, dass gerade in Zeiten der Orientierungslosigkeit und der individuellen Hilflosigkeit radikale Gruppierungen großen Zulauf bekommen, weil sie eben jungen Menschen Orientierung, Führung und Zugehörigkeit versprechen.

Die gute Nachricht ist, dass eine jungengerechte Erziehung genau dem entgegenwirkt, uns und unseren Jungs Sicherheit gibt und damit die Ängste unbegründet werden.

Ich schrieb dieses Buch, um aufzuzeigen, dass wir die natürlichen Gegebenheiten in unserer Erziehung ignorieren, verändern oder gar abschaffen wollen, anstatt zuzugeben, dass Jungen nun einmal anders sind. Sie haben besondere Bedürfnisse. Nur wenn wir diese akzeptieren und berücksichtigen, können sie sich zu authentischen, zufriedenen, stolzen Persönlichkeiten entwickeln.

In dreißig Jahren Berufserfahrung als Lehrerin, Schulleiterin und Dozentin in der Weiterbildung konnte ich viele spannende, lustige, aber auch traurige und groteske Situationen beobachten – und meine Meinung dazu bilden. Auch die Rolle als Mutter von zwei eigenen Kindern und drei Stiefsöhnen sowie der Austausch mit anderen Erziehenden sensibilisierten meine Wahrnehmung. Am augenfälligsten war für mich die Beobachtung, wie bewegt und multisensorisch kleine Jungs ihre Welt und sich selbst erkunden. Aber auch wie sie körperintensiv Kontakt mit ihrem Umfeld aufnehmen und interagieren. Ich suchte die Erklärung dafür in über zwanzig verschiedenen Studien der Pädagogik, der Soziologie, der Medizin, der Biologie und der Evolutionstheorie und wurde fündig. Es überraschte mich, wie widersprüchlich die Aussagen der verschiedenen wissenschaftlichen Studien waren. Mehr als die weichgespülten soziologischen Studien überzeugten mich die Studien der

JUNGEN SIND ANDERS ALS MÄDCHEN UND BRAUCHEN IHREN EIGENEN ERZIEHUNGSANSATZ.

Naturwissenschaften: der Biologie, der Evolutionstheorie und der Medizin. Alle drei Disziplinen belegen eindeutig: Jungen *sind* anders. Sie brauchen ihren eigenen Erziehungsansatz. Sie untermauern und erklären das typische Jungenverhalten. Die wichtigsten Thesen meines Lösungsansatzes münden in das fußballdidaktische Erziehungsprinzip. Es sind die Erkenntnisse aus Erfahrungen und Beobachtungen, verknüpft mit wissenschaftlichen Fakten. Ein Erziehungsansatz nur für Jungs? Nein, es ist *der* Erziehungsansatz. Auch Mädchen profitieren davon. Aber für Jungs ist er existenziell.

Was hat Fußball mit Erziehung zu tun? – Lesen Sie selbst. Ich freue mich auf Ihr zustimmendes Kopfnicken, über ein Schmunzeln oder Ihre Bereitschaft, sich auf neue Diskussionen einzulassen.

Jedes Kapitel ist gespickt mit vielen selbst erlebten Geschichten. Ich zeige auf, weshalb Jungen andere »Schul-Wege« brauchen, um glücklich und erfolgreich zu sein, und wie diese aussehen könnten. Wege, die ihnen helfen, nicht abzudriften in eine Welt der Orientierungslosigkeit und Hilflosigkeit, die unweigerliche Aggression und unnachgiebige Gewalt nach sich zieht. Die pädagogischen, didaktischen und methodischen Ideen sind nicht nur in der Schule und der Kita, sondern auch im familiären Zusammenleben umsetzbar.

Das fußballdidaktische Erziehungsprinzip *ist die Antwort für alle besorgten Eltern und Erzieher.*

Es ist ein erzieherisches Leitbild, das auf Normen und Werten basiert, die Jungs wünschen, brauchen und akzeptieren.

Es respektiert den hohen Bewegungsdrang von Jungs und nimmt sie als Abenteurer und Forscher wahr – es gibt ihnen aber auch klare Grenzen und Regeln vor. Es setzt auf feste Strukturen innerhalb eines Teams, wo das Gefühl der Zugehörigkeit beim Einzelnen wachsen kann, ohne dass er seine eigene Individualität verliert.

1. JUNGEN SIND ANDERS

- WARUM EIN PLÄDOYER FÜR JUNGEN NOTTUT
- WARUM WIR IN DER GENDERDISKUSSION DIE KURVE KRIEGEN MÜSSEN
- WARUM JUNGEN NICHT SCHLECHTER SIND ALS MÄDCHEN – NUR EBEN ANDERS

»Brauchen Jungs einen anderen didaktischen Ansatz, um Sprachen zu lernen?« Dieser Titel hatte mich sehr viel mehr angesprochen als der ganze Wust an Vortragsangeboten beim »Bundeskongress moderner Fremdsprachen« in Augsburg.

Das Vortragsthema machte mich neugierig. Ich hatte nicht erwartet, dass auf einem eher pragmatisch orientierten Fachkongress dieses Thema eine Rolle spielen würde. In meiner beruflichen Praxis aber hatte ich schon seit Längerem wahrgenommen, dass Jungen anders als Mädchen auf die aktuellen erzieherischen Ansätze und Bildungsangebote reagieren: Sie bereiten Probleme und rebellieren. Ebenso hatte ich festgestellt, dass sich unsere Erziehung zunehmend auf die Förderung von Mädchen fixiert hat – sowohl zu Hause als auch in der Schule. Unsere Pädagogik ist einseitig geworden: Weiblichkeit tritt nicht nur in der mehrheitlichen Präsenz in Erscheinung, sondern auch in der Qualität der Einflussnahme. Es gibt viel mehr Lehrerinnen als Lehrer – der männliche Standpunkt wird zu häufig gar nicht, und wenn doch, dann auf weibliche Art vermittelt. Das heißt, dass jede robustere Form des Umgangs verpönt ist und jede Konfliktsituation einfühlsam und mit vielen Worten gelöst werden muss.

UNSERE ERZIEHUNG IST AUF DIE FÖRDERUNG VON MÄDCHEN FIXIERT.

Gespannt nahm ich also im Seminarraum Platz. Die junge Dame, die den Vortrag halten sollte, war Mitte zwanzig. Scheu lächelnd blickte sie in die Runde ihrer Zuhörer: Da saßen Lehrpersonen, Erzieher, Hochschuldozenten und wissenschaftliche Mitarbeiter. Jeder von ihnen zeigte Interesse an dem bevorstehenden Vortrag der Studentin. Kommilitonen beobachteten scharfsinnig, wie sie ihre Studienergebnisse präsentierte. Dozenten richteten ihren Fokus auf die Art und Weise der Präsentation. Mich dagegen interessierte vor allem der Inhalt. Die junge Dame berichtete, zunächst nervös, dann immer engagierter und lebhafter, was ihr bei ihren ersten Unterrichtsschritten aufgefallen war: Mädchen und Jungen reagierten völlig unterschiedlich auf ihre Unterrichtsangebote. Mit eindrücklichen Fotos untermauerte sie ihre Ausführungen: In einer Situation spielten die Kinder ein Wörterwettspiel. Die Jungen platzierten sich links, die Mädchen rechts im Raum. Jeweils ein Gruppenvertreter stand an einem Tafelflügel und notierte die Zurufe seiner Mitschüler. Die Mädchen saßen brav auf ihren Stühlen und kommunizierten mit ihrer Vertreterin; die Jungen hielt es nicht auf den Stühlen. Der eine kletterte auf einen Tisch und engagierte sich offensichtlich lautstark, der andere lag bäuchlings auf seinem Tisch, den rechten Arm wie ein Pfeil nach vorn gereckt, als wollte er am liebsten selbst alles an die Tafel schreiben. Schneller wollten sie sein – und besser. Die Mädchen dagegen versuchten durch regen Austausch ans Ziel zu kommen.

In einer anderen Situation experimentierten die Kinder mit Wasserfarben. Ohne konkrete Hinweise sollten sie Farben mischen, um zu neuen Farbkreationen zu kommen. Das Ergebnis war witzig: In den vier Gläsern der Mädchen schillerten wunderschöne Farben in Orange, Lila, Grün und Weinrot. In den Gläsern der Jungen war der Einheitslook dunkelgrau. Sie hatten alle Farben wild zusammengemischt. Die Aktion selbst war ihnen offenbar wichtiger als das Ergebnis.

Die junge Pädagogin stellte fest: Jungen lieben alles, was mit Bewegung und Action zu tun hat, und sind deshalb dankbar für handlungsorientierte Unterrichtsformen. Ihr Resümee: Jungen haben auch am Sprachenunterricht Freude und zeigen Lernfortschritte, wenn man ihre Bedürfnisse bei der Planung berücksichtigt.

Ich hätte sie knuddeln können. Ihre Präsentation mag kein fachwissenschaftliches Highlight gewesen sein und ihre Datenerhebung nicht ganz den Kriterien einer wissenschaftlichen Arbeit entsprechen, aber ihre Erkenntnisse waren hautnah und vollkommen zutreffend. Mit solchen jungen Kolleginnen und ähnlich tickenden jungen Müttern könnten wir hoffnungsfroh in die erzieherische Zukunft blicken. Aber die überwiegende Realität sieht leider anders aus!

JUNGEN SIND DIE NEUEN BILDUNGSVERLIERER DER NATION

Übergangsquoten und Leistungserhebungen verdeutlichen ganz offensichtlich, dass Jungen in Sachen Bildung immer weiter zurückfallen. Es ist an der Zeit, darüber laut zu diskutieren und eine Kehrtwende in unserer Erziehung und unserem Bildungssystem einzuleiten.

Aber nein, die Genderdiskussion ist doch nichts Neues, mag ein guter Beobachter einwenden. Es gibt sie doch schon seit Jahrzehnten! Ja, Sie haben recht! Wir führen diese Diskussion mindestens seit den 1970er-Jahren intensiv – mal mehr, mal weniger sachlich.

Aber was war und ist das Hauptanliegen dieser Diskussion? Gleichberechtigung, Gendergerechtigkeit, Bewusstseinsmachung, Entwicklungsförderung, Geschlechtersensibilität und Rollenkultur. Das Thema ist unerschöpflich.

»Erziehung ist ein menschlicher Vorgang und sollte daher menschliche, nicht geschlechtsspezifische Qualitäten herausbilden.« So beginnt die Einführung der Lehr- und Lernmappe »Mach es gleich!« zum Thema Gender und Schule – ein von EU-Geldern finanziertes Projekt. Beim Durchblättern der Unterrichtsmappe überkommt mich das kalte Grauen: Ausführlich werden symptomatisch augenfällige Unterschiede im Verhalten von Jungen und Mädchen beschrieben, um letztlich ausschließlich darauf hinzuweisen, dass Jungen sich falsch – weil kämpferisch, aggressiv und weniger kommunikationsbereit – verhalten, während das Verhalten der Mädchen doch eigentlich vorbildlich und von sozialer Kompetenz geprägt ist, sich aber leider als wenig erfolgreich erweist. Als Konsequenz daraus verlangt man eine intensive naturwissenschaftliche und technische Förderung von Mädchen und *Girlsdays,* um sie für typische Männerberufe zu begeistern. Während man Jungs zur Rücksichtnahme gegenüber Mädchen ermahnt und ihnen neuerdings, um eine gewisse Pseudogerechtigkeit zu wahren, *Boysdays* in sozialen und pflegerischen Berufen anbietet. Diese *Gendermainstreaming*-Aktionen reichen aber noch nicht aus: Im Berufsleben verlangt man die Besserstellung von Frauen bei gleicher Qualifikation und Quoten für die Besetzung von Führungspositionen. Aus allen Diskussionen tröpfelt letztlich die Erkenntnis: So wie wir es gerade erleben, ist es nicht gut. Es muss etwas geändert werden – vorzugsweise für die Mädchen und Frauen! Welches Ungleichgewicht sich insbesondere auf politischer Ebene eingeschlichen hat, zeigt sich in der Implementierung neuer Ministerien: »Ministerium für Bildung, Frauen und Jugend« oder »Ministerium für Kultur, Jugend, Familie und Frauen«. Welches Ministerium kümmert sich explizit um Jungen und Männer?

Hier beginnt bei mir das Stirnrunzeln: Es hat sich ganz offensichtlich schon sehr viel verändert zugunsten von Mädchen und Frauen. Sollten wir nicht einmal innehalten, nachdenken und uns besinnen?

Kann es nur darum gehen, die Chancengleichheit für Mädchen und Frauen durchzusetzen? Wäre es nicht fair, auch das männliche Geschlecht mit in den Fokus zu nehmen? Ist es nicht genauso wichtig, sich Gedanken über die Bedürfnisse von Jungen zu machen? Wir müssen in dieser Genderdiskussion die Kurve kriegen und neue Wege suchen!

Wie mit der Brechstange wird versucht, Frauen in Führungspositionen zu katapultieren und aus jungen Männern Kita-Erzieher zu formen – ohne dabei die tatsächlichen Talente, Fähigkeiten und Werte von Mädchen und Jungen zu berücksichtigen. Es ist meine tiefe Überzeugung, dass sowohl Mädchen als auch Jungen spezifische Fähigkeiten und Talente haben, die zwar verschieden, aber in ihrer Qualität gleichwertig sind.

Ich möchte hier nicht den Anschein erwecken, als gehörte ich zu diesen Frauen-an-den-Herd-Verfechterinnen, die die Rolle rückwärts in längst überholte Rollenklischees vorantreiben. Nein, dazu gehöre ich nicht. Ich habe meinen Platz bereits gefunden in der wachsenden Gruppe von sich selbst verwirklichenden, *Fulltime*-beschäftigten

Frauen, die Familie und Beruf verbinden und sich eine Führungsposition erarbeitet haben.

Und ich bin dankbar und glücklich, genau den Beruf ausüben zu können, der mir größte Freude und Befriedigung verschafft. Lehrerin wurde ich, weil es mein Herzenswunsch war, Kinder und Jugendliche zu fördern und ein Stück weit in ihrem Leben zu begleiten.

Als ich vor acht Jahren die Stelle als Rektorin einer Grundschule antrat, setzte ich mich bei der ersten Schulleitertagung des Schuljahres brav in die hinterste Reihe und staunte über die vielen männlichen, stark ergrauten Köpfe vor mir. Inzwischen wage ich es, auch in den vorderen Reihen Platz zu nehmen – und wenn ich mich umdrehe, blicke ich in die Überzahl der fröhlich lächelnden weiblichen Gesichter unter schwarzen, braunen und blonden Haarschöpfen – grau ist rar geworden, denn frau färbt ihr Haar ... Insofern haben wir schon einen kleinen der vielen offensichtlichen Geschlechterunterschiede gefunden.

Grundsätzlich ist mir bei aller Diskussion das Wichtigste: Alle, Männer wie Frauen, haben ein Recht darauf, sich ihren Fähigkeiten gemäß weiterzuentwickeln. Jungen wie Mädchen können ohne Einschränkung und Nötigung alle Möglichkeiten wahrnehmen, um sich im Rahmen ihrer Begabungen und Interessen weiterzuentwickeln. Nur das schafft Befriedigung und innere Ruhe. Förderliche, gelegentlich kritische Impulse von außen helfen dabei, mit sich zufrieden zu sein, ohne in Selbstzufriedenheit zu erstarren.

DAS »ES« AUF DEM VORMARSCH

2012 fiel mir dieser unsägliche Zeitungsartikel der *New York Times International* in die Hände. Eigentlich lese ich diese Zeitung nur, um mein Englisch aufzupolieren, aber der kleine Artikel hatte es in sich: *Lessons in Equality start early in Sweden.* Man stelle sich das vor: Da gibt es doch tatsächlich Unterricht in Gleichheit (oder Gleichmacherei?). In einer schwedischen Vorschule – mit Wartelisten! – werden Jungen und Mädchen bewusst gleich erzogen. Gut, mögen Sie denken, das ist ja nichts Verderbliches: Jungen dürfen mit Puppen spielen, Mädchen mit Autos und Baggern. »Progressive« Mütter, Väter und Erzieher von heute beschreiten diesen Weg der Chancengleichheit. Aber was in dieser schwedischen Vorschule geschieht, geht meiner Ansicht nach absolut zu weit: Nicht nur, dass unsere herrliche alte Märchenliteratur verstümmelt wird: Schneewittchen und Aschenputtel gibt es dort auch mit männlichen Pendants in den Hauptrollen zum Vorlesen. Nein, man verstümmelt auch die in vielen Jahrhunderten gewachsene Sprachenvielfalt: Die Erzieher[1] vermeiden männliche und weibliche Personalpronomen wie »er« und »sie« und verwenden stattdessen das geschlechtsneutrale Pronomen *hen.*

Glücklicherweise wird diese *gender madness* auch von anderen kritisiert, wie etwa in einem Kommentar des *Svenska Dagbladet,* in welchem nachgehakt wird: »Und was geschieht, wenn ein Mädchen plötzlich anfängt, Blu-

1. Da es sich einfach besser lesen lässt, verwende ich nur die männliche Form, meine aber selbstverständlich auch die Frauen.

men zu pflücken, während der kleine Junge Steine sammelt?« Genau, sie sind nämlich doch nicht alle gleich! Es gibt da viel mehr als den gewissen kleinen Unterschied … Diesen Unterschied rücken verschiedene Leistungsvergleichsstudien wie PISA und IGLU in den Blick. Galten noch vor zwanzig Jahren die Mädchen als die Benachteiligten unseres Schulsystems, vermutet man heute, dass die Jungen in der Schule benachteiligt werden, denn die Zahlen sprechen ihre eigene Sprache:

Im Jahr 2010 wurde in Nordrhein-Westfalen ein Drittel mehr Mädchen als Jungen vorzeitig eingeschult, aber 45 Prozent mehr Jungs wurden um ein Jahr vom Schulbesuch zurückgestellt, um in Grundschulförderklassen den »Schulkindstandard« zu entwickeln. Der Anteil von Jungen, die die Förderschule besuchen, beträgt zwei Drittel! Bemängelt wird vor allem ihre geringe emotionale wie soziale Reife (83 Prozent), kritisiert wird die fehlende Sprachkompetenz (70 Prozent). Jungen wechseln häufiger die Schule oder brechen vorzeitig ab, weshalb sie in der gymnasialen Oberstufe unterrepräsentiert sind.

Mädchen wird schon im Grundschulalter die bessere Lesekompetenz bescheinigt – und je älter die Schüler, desto weiter klafft die Kompetenzschere zwischen Jungen und Mädchen auseinander. Lesen und Leseverständnis sind eine essenzielle Kompetenz, um sich im Leben zu bewähren. 48 Prozent der Mädchen geben Lesen als Lieblingshobby an, aber nur 15 Prozent der Jungen finden Lesen *just for fun* gut. Liegt es daran, dass Jungen grundsätzlich keine Lust haben zu lesen? Oder kann es sein, dass wir ihnen nicht die Bücher und Textquellen zukommen lassen, die sie interessieren? Bedeutet es, dass Mädchen mit Informationen, die sie über längere Texte erschließen müssen, besser, weil lieber, als Jungen umgehen? Schulen Jungen ihre analytischen Fähigkeiten demnach anders als Mädchen? Das würde erklären, warum Mädchen selbst mit dem herkömmlichen Frontalunterricht, bei dem die Lehrkraft ihren Vortrag mit einem Tafelanschrieb oder Textkopien unterstützt, besser zurechtkommen als Jungen. Bei dieser Form des darbietenden Unterrichtens ist ein Schüler hauptsächlich als Hörender und Zusehender gefragt: Weil er nur bedingt von sich aus etwas beitragen darf, fühlt er sich emotional unbeteiligt. Die Informationen bleiben nicht so gut im Gedächtnis haften. So als würde er eine TV-Sendung anschauen, nur um sich die Zeit zu vertreiben. Der Effekt ist derselbe: Man kann sich danach an nichts Wesentliches mehr erinnern.

Computer- und Videospiele sind für Jungen dagegen interessant: Wer Computerspiele spielt, ist als Handelnder gefragt. Vor ihm spielt sich nicht nur etwas ab. Er kann Einfluss nehmen. Er steht sogar im Mittelpunkt des Computer-Szenarios und inszeniert sich als kleiner (oder großer) Held. Aber auch hierbei verzichtet er auf alle anderen Sinneskanäle, die das Lernen unterstützen und optimieren können. Da ist der Tastsinn, der seine Reize hauptsächlich über die Haut und über die Hände erfährt. Da gibt es die kinästhetische Wahrnehmung, das Bewegungsempfinden, mit dessen Hilfe wir Bewegungen unbewusst kontrollieren und steuern können sowie die sogenannte vestibulare Wahrnehmung, die uns bei der Orientierung im Raum und bei der Feststellung unserer Körperhaltung hilft. In meiner langjährigen Tätigkeit an Schulen fiel mir auf, dass insbesondere Jungen sich gern auf Situationen einlassen, die gerade diese Sinne herausfordern.

Wenn mehrere Körpersinne gleichzeitig beansprucht werden, führt das also dazu, dass Informationen besser eingeprägt werden. Dr. Manfred Spitzer, Hirnforscher und Leiter des Transferzentrums für Neurowissenschaften und Lernen in Ulm, empfiehlt deshalb, unterschiedliche Annäherungsweisen an ein Sachproblem anzubieten, um allen Kindern gerecht zu werden. Spitzer bleibt in seinen neurologischen Studien neutral, was geschlechtsspezifische Besonderheiten angeht. Die Beobachtungen im Alltag bewiesen mir, dass Jungen nicht nur vom »mehrsinnigen« Lernen profitieren, sondern dass sie es geradezu herausfordern.

Der Erziehungswissenschaftler Dr. Klaus Hurrelmann liefert für die offensichtliche Benachteiligung von Jungs ein sozialisationstheoretisches Erklärungsmodell: Mädchen hätten im modernen Bildungssystem mehr Identifikationsfiguren als Jungen, da es an männlichen Lehrern und Erziehern mangele. Prof. John Hattie stellte 2001 in seiner umfänglichen Studie fest: Beim Lernen kommt es in erster Linie auf die Fähigkeiten der Lehrenden an, nicht zuletzt auf deren Empathiefähigkeit. Ausschlaggebend ist nicht die Geschlechtszugehörigkeit. Die Frage ist: Fällt es einer Frau, selbst wenn sie über viel Empathie verfügt, genauso leicht, sich in einen Jungen hineinzuversetzen wie in ein Mädchen? Und welche Auswirkung hat die Tatsache zunehmend häufigerer Trennungen von Eltern und die geringer werdende Präsenz von Vätern für Jungs?

Ein afrikanisches Sprichwort besagt ja: »Die Welt eines Kindes sind die Eltern.« Mutter und Vater also. Auch wenn Väter früher tagsüber weniger präsent waren, so lebten sie doch eine männliche Rolle vor und beschäftigten sich auf ihre Weise mit ihren Kindern, besonders mit den Jungen. In der Geborgenheit einer intakten Familie hat ein Kind, Junge oder Mädchen, die Chance, sich an verschiedenen Rollenmodellen orientieren zu können. *Modelling*, die Leitbild- und Vorbildfunktion, ist für die Entwicklung des Kindes von allergrößter Bedeutung. Je weniger – vor allem gleichgeschlechtliche – Identifikationsmodelle dem Kind zur Verfügung stehen, desto ärmer ist sein Entwicklungsangebot. Hinzu kommt, dass Jungen klare, führungsbetonte Strukturen dringend suchen, darauf gehe ich später ausführlich ein. Diese fallen aber ersatzlos weg, wenn unsere familiären Strukturen immer unstabiler werden. Wie ist der Einfluss von Vätern auf die Erziehung heute tatsächlich? Haben unsere Jungen inzwischen weniger männliche Vorbilder, weil es immer mehr geschiedene Eltern gibt? Ist der Einfluss anders, weil auch die Väter sich verändert haben? Tatsächlich treten Frauen heute sehr viel selbstbewusster auf als früher. Sie vertreten ihre Rechte und Anschauungen auch in der Erziehung. Haben wir unsere Erziehung feminisiert und stülpen den Jungs nun ein Modell über, das sich bei ihnen nicht bewähren kann? Ignorieren wir ihre Bedürfnisse?

Ich möchte Sie davon überzeugen, dass Jungs nun einmal anders sind und ein eigenes Erziehungsprogramm benötigen! Ich finde es kurios, wie häufig versucht wird, natürliche Sachverhalte grundlegend zu verändern oder gar abzuschaffen. Wir müssen akzeptieren, dass Jungen anders sind – aber keinesfalls schlechter als Mädchen.

2. CHANCENGLEICHHEITSWAHN

- WARUM WIR FRAUEN NICHT GANZ UNSCHULDIG SIND
- WARUM WIR GEFAHR LAUFEN, CHANCENGLEICHHEIT MIT GLEICHMACHEREI ZU VERWECHSELN
- WARUM WIR DEN BLICK AUFS WESENTLICHE VERLIEREN

Auch ich gehörte zu den Müttern, die in den 80er-Jahren dem Chancengleichheitswahn verfallen waren. Das begann bereits mit der bärchenbraunen Strampelhose, in die ich meine Kinder bewusst steckte, anstatt eine blaue oder rosane zu wählen. Janine, meine Tochter, hatte kein Problem damit, einjährig, den blauen Anorak ihres Bruders oder den gelb-blauen Skianzug zu tragen. Ob mit oder ohne Pudelmütze: Es gab immer wieder ein Rätselraten darüber, ob sie nun Junge oder Mädchen war.

Dennoch trieb ich die optische Gleichmacherei nicht so weit, dass ich meinem Sohn Rüschenblüschen und Röckchen anzog. Meine Tochter jedoch trug gerne eine kurze Lederhose: die war praktisch und robust.

Konsequenter war ich beim Spielsachenangebot: Florian bekam frühzeitig sein erstes Püppchen. Ich habe alle meine Puppen generalüberholt und in sein Spielzimmer gesetzt. Dabei herrschte politische Korrektheit: Die eine Puppe war blond und hatte eine helle Haut, die andere war ein braunes Püppchen. Leider saßen die beiden weitestgehend unbeachtet auf ihren Kissen. Mein Sohn bevorzugte als steten Begleiter seinen kleinen männlichen Teddybär, den er wohl heute noch, so strapaziert und zerfleddert er auch ist, irgendwo in seinem Schlafzimmer aufbewahrt.

Im nächsten Schritt ließen wir beim Schreiner ein wunderschönes stabiles Puppenhaus bauen. Aber in die Zimmerchen, die ich mit bunten Lampen und rot-weiß-karierten Vorhängen dekorierte, zogen schon bald seine Playmobilritter ein. Im unteren Stock hatten jede Menge Bauernhoftiere samt Traktor Platz. Gespielt wurde mit dem Haus von meinem Sohn – aber eben anders als von mir vorausgeplant. Ganz anders bei Janine, die das Puppenhaus fünf Jahre später erspähte: Sie wünschte sich filigrane Möbel, klebte rosa Bilder und Schneewittchenspiegel auf die Tapeten und richtete ein Ankleidezimmer ein. Dass mein Sohn meine Barbiepuppensammlung keines Blickes würdigte, sei hier nur am Rande erwähnt. Janine dagegen konnte sich stundenlang damit vergnügen und verlangte ständig noch mehr Plastikteile hinzu: Kutsche und Pferde, Schuhe und Kleider und, zu guter Letzt: Ken – muskulös wie ein Chippendale.

Hätte ich als Mutter bewusst ihre Wünsche ignorieren sollen? Florian durfte ja auch, als er mit großen Augen die Rennwagen über die Autobahnpiste im Spielzeugladen zischen sah, sich selbige wünschen und damit Wettrennen und Unfall spielen.

Genauso gegensätzlich verlief die weitere Entwicklung der beiden: Mein Sohn verlangte neugierig nach Abenteuer und Nervenkitzel, meine Tochter suchte das Abenteuer eher auf dem Trampolin oder auf einem Pony oder Pferderücken. Florians Berufswunsch war »Sturmjäger«, das sind Meteorologen, die um die Welt reisen, um Orkane und Hurrikans aus nächster Nähe zu beobachten. Janine wollte sich in frühen Jahren nicht wirklich festlegen. Florian riss sich bei Spaziergängen grundsätzlich los und rannte voraus, meine Tochter genoss die schützende Hand.

Mit etwa zwölf Jahren drehte sich das Blatt vorübergehend: Florian begeisterte sich zunehmend für Musik, lernte Keyboard und Klavier spielen, während seine Schwester die Fußballschuhe schnürte und sich wagemutig Wind und Wetter aussetzte, bis ein schmerzlicher

Knöchelbruch, hervorgerufen durch ein übles Foul, ihrer jungen Fußballkarriere ein Ende setzte.

Umso spannender war es zu beobachten, wie beide beim Erwachsenwerden wieder alle klassischen Klischees bedienten: Janine ging shoppen, bis die Schränke platzten, und spielte mit ihren weiblichen Reizen. Ihr Bruder dagegen investierte jeden übrigen Cent in technischen Kleinkram für Computer, in die Musikanlage oder sein Handy. Bis zu diesem Zeitpunkt hatte ich keine Ahnung, wie viel Meter Kabel, Buchsen und anderen Technik-Schnickschnack die Seele eines jungen Mannes braucht, um glücklich zu sein. Die Inhalte der verschiedenen angelieferten Pakete überraschten mich immer wieder. Heute arbeitet mein Sohn im internationalen Vertrieb einer Firma für seismografische Geräte und Janine hat sich für Sozialpädagogik entschieden.

Jede Entwicklungsphase der beiden begleitete ich mit Interesse. Ich war mal überrascht, mal zufrieden, mal stolz und gelegentlich auch entsetzt. Niemals jedoch haderte ich mit den verschiedenen Lebenswendungen und Entscheidungen, die sie trafen, denn ich vertrat die Meinung: Jedes Talent hat ein Recht auf Entfaltung. Dabei ist es legitim, über den Gender-Tellerrand zu schauen. Unsere Lebenswelt ist nämlich vielfältig. Um als junger Mensch zu einem klaren Selbstbild und zu Authentizität zu finden, muss man sich erproben dürfen: Was interessiert mich? Was kann ich? Was kann ich nicht? Macht es mir Freude, mit Menschen umzugehen, oder tüftele ich lieber an einem technischen Problem? Fühle ich mich draußen in der Natur am wohlsten oder lieber im asphaltierten Großstadt-Dschungel? Bin ich neugierig oder ängstlich, vorsichtig oder mutig? Brauche ich jemanden in meiner Nähe? Bin ich ein Einzelkämpfer? Habe ich Visionen und möchte sie mit anderen Menschen teilen? Lasse ich mich gern von anderen beeindrucken und folge ihnen nach?

DIE HEUTIGE GLEICHSTELLUNG HAT MIT AUTHENTIZITÄT NICHTS ZU TUN

Authentizität ist der Weg zu sich selbst. Authentisch ist, wer sich selbst lebt. Wir in Mitteleuropa haben das große Glück, in einer Gesellschaft zu leben, die das grundsätzlich ermöglicht. Das Recht auf freie Entfaltung haben wir in unserem Grundgesetz verankert. Werte wie Respekt und Toleranz sind uns – zumindest auf dem Papier – wichtig.

Unverständnis und Wut sind angemessen, wenn man sich zum Beispiel das Schicksal von Malala, dem Mädchen aus Pakistan, vor Augen führt: Ein 15-jähriges Mädchen, dem von Taliban in den Kopf geschossen wurde, weil sie in die Schule gehen und später Ärztin werden wollte. Ein Mädchen, das mutig für sein Recht auf Bildung und Chancengleichheit in ihrem Land einsteht. Ihre Heimat musste sie inzwischen verlassen. Dank des Rückhalts in ihrer Familie, dank eines Vaters, der sie voller Stolz unterstützt und fördert, gelingt es ihr auch weiterhin, sich Gehör zu verschaffen – jedoch aus sicherer Distanz. Sie verfolgt ihre Ziele in Europa und den USA unbeirrt weiter, in der Hoffnung, einen Grundstein in ihrem Heimatland zu legen. Sie hat in Straßburg den Sacharow-Preis des Europaparlaments für Meinungsfreiheit entgegengenommen. Im Oktober 2014 wurde ihr gemeinsam mit Kailash Satyarthi der Friedensnobelpreis zuerkannt, weil sie die furchtbaren Missstände in ihrem Heimatland anprangert, die nicht nur in unserem Kulturkreis untragbar sind. Sie ist die jüngste Preisträgerin in der Geschichte des Nobelpreises. Bei uns darf dagegen jedes Mädchen alles lernen, denn Bildung ist bei uns kein Privileg, Bildung ist ein fundamentales Grundrecht. Wir in Europa und anderen Ländern der westlichen Welt unterrichten koedukativ, das heißt, unser Bildungsplan ist für Jungen und Mädchen gleichermaßen ausgelegt. Es gibt keine Unterschiede bei der Auswahl des Unterrichtsstoffs. Wir nutzen viele verschiedene Methoden, um allen Kindern gerecht zu werden. Aber schöpfen wir wirklich das gesamte Methodenrepertoire aus? Bevorzugen wir eventuell die eine Methode gegenüber der anderen, weil sie uns leichter fällt?

Mich beschäftigt die Beobachtung, dass wir in unserer Gleichstellungseuphorie beginnen, Entwicklungen zu erzwingen, die nicht dem Naturell des Kindes, die nicht dem Naturell von Jungen entsprechen.

WIR LAUFEN GEFAHR, CHANCENGLEICHHEIT MIT GLEICHMACHEREI ZU VERWECHSELN

Oder wie erklärt es sich, dass in einer schwedischen Kindertagesstätte plötzlich nur noch *hen* anstatt *han* (»er«) oder *hon* (»sie«) gesagt wird? Mit welchem Ziel erziehen wir Kinder? Wollen wir Kindern eine Ideologie überstülpen? Oder sie nach unserem Wunschbild gewaltsam formen? Wo hört Erziehung auf und wo fängt

Manipulation an? Ab wann beginnen wir, die physische und psychische gesunde Entwicklung des Kindes zu gefährden?

Bereits vor sehr langer Zeit schrieb der arabische Poet Khalil Gibran folgende wunderschöne Zeilen. Gibrans Gedanken sind weise und klingen wie Musik. Sein Gedicht gehört zu meinen Lieblingstexten überhaupt, weil es mich immer wieder zur Besinnung auf das Wesentliche einlädt und den Respekt vor unseren Kindern schärft:

Eure Kinder sind nicht eure Kinder.
Sie sind die Söhne und Töchter der Sehnsucht des Lebens nach sich selbst.
Sie kommen durch euch, aber nicht von euch,
und obwohl sie mit euch sind, gehören sie euch doch nicht.
Ihr dürft ihnen eure Liebe geben, aber nicht eure Gedanken,
denn sie haben eigene Gedanken.
Ihr dürft ihren Körpern ein Haus geben, aber nicht ihren Seelen.
Denn ihre Seelen wohnen im Haus von morgen, das ihr nicht besuchen könnt, nicht einmal in euren Träumen.
Ihr dürft euch bemühen, wie sie zu sein, aber versucht nicht, sie euch ähnlich zu machen.
Denn das Leben läuft nicht rückwärts, noch verweilt es im Gestern.
Ihr seid die Bogen, von denen eure Kinder als lebende Pfeile ausgeschickt werden.
Der Schütze sieht das Ziel auf dem Pfad der Unendlichkeit,

und Er spannt euch mit seiner Macht, damit seine Pfeile schnell und weit fliegen.
Lasst euren Bogen von der Hand des Schützen auf Freude gerichtet sein;
Denn so wie Er den Pfeil liebt, der fliegt, so liebt er auch den Bogen, der fest ist.

So alt dieses wunderschöne Gedicht von Khalil Gibran sein mag, so aktuell ist es auch heute noch. Es zeigt uns, dass wir akzeptieren müssen, dass Kinder ihren eigenen Weg gehen, gehen müssen, und es nicht in unserer Macht stehen darf, sie manipulativ in eine Richtung zu schieben. Vielmehr ist es unsere Verpflichtung, sie zu begleiten und ihnen Stütze zu sein, wenn sie ihren eigenen Weg suchen.

Ich muss respektieren, dass sie ihre eigenen Bedürfnisse, ihre eigene Seele, ihre eigenen Emotionen haben und dass ich sie nur erziehend begleiten kann, damit sie ihren Weg finden.

Das bedeutet eine immense Herausforderung an alle an der Erziehung Beteiligten: Eltern, Erzieher, Lehrer. Unsere gemeinsame Aufgabe ist es, ihnen ein Umfeld anzubieten, in dem sie ihre Talente und Fähigkeiten erkennen und ausprobieren dürfen. Dabei darf es keine Rolle spielen, ob sich ein Mädchen für typisch weibliche Tätigkeiten und Berufsfelder begeistert oder nicht und ob ein Junge sich für typisch männliche Bereiche interessiert oder für andere.

Unerträglich finde ich es, wenn man – nur um Quoten gerecht zu werden – Mädchen und Jungen in bestimmte Richtungen zu zwingen versucht.

Wenn ein Mädchen nicht über Qualitäten wie Souveränität und Selbstvertrauen, Zielorientiertheit und eine klare Kommunikation ohne Ausschweifungen verfügt, so ist sie für eine Führungsaufgabe nicht geeignet – und sie wird als Quotenfrau nicht erfolgreich sein. Wenn sie naturwissenschaftliche Phänomene nicht spannend findet, kann sie keine Physikerin werden.

Wenn ein Junge sich nicht für Mode und Design interessiert, wird er später keine Freude im Konfektionseinzelhandel haben oder sich zum Kosmetiker ausbilden lassen wollen. Und wenn er gerne tüftelt, ausprobiert und experimentiert, anstatt sich mit Büchern herumzuschlagen, ist der Besuch eines humanistischen Gymnasiums für ihn nicht das Richtige.

DAS IST UNSERE CHANCE

Wir orientieren die Jungenerziehung an deren Fähigkeiten, Neigungen und persönlichen Befindlichkeiten, an ihrer Disposition, personale und soziale Kompetenzen zu entwickeln.

Wenn wir dagegen versuchen, unsere Kinder unseren Vorstellungen gemäß zurechtzubiegen, stören wir den natürlichen Prozess ihrer psychischen Entwicklung. Selbstverleugnung statt Selbstfindung ist das Ergebnis. Dann nehmen wir ihnen die Chance, ihr wahres Können zu zeigen, und machen uns schuldig an ihren Misserfolgen. Wer ständig Misserfolge hat, hört auf, an sich zu glauben. Er fühlt sich schutzlos, wütend auf sich selbst und auf sein Umfeld.

Es endet in Selbstzerstörung, Rebellion oder Zuflucht bei dubiosen oder gar gefährlichen Anführern und Leitbildern. Die Katastrophe ist vorprogrammiert.

Viele Eltern von Jungen scheinen genau dies zu befürchten. Passend hierzu ist das Ergebnis einer aktuellen Umfrage der Bertelsmann-Stiftung bei über 1000 Eltern. Die Mehrheit empfindet Erziehung als viel anstrengender als noch vor fünfzehn Jahren. Vor allem die Verantwortung gegenüber dem Kind versetzt Eltern in Stress. Eltern fühlen sich heute in dieser Verantwortung zunehmend alleingelassen – trotz Kinderkrippe, Kinderhort und Ganztagsschulen. Diese Eltern fügen selbstkritisch hinzu, die Anspannung kommt daher, dass sie sich selbst unter Druck setzen, weil sie perfekt sein wollen. Besonders groß ist der Druck bei alleinerziehenden Müttern.

ACHTEN SIE AUF DAS WESENTLICHE!

Der Druck reduziert sich, wenn man sich auf das Wesentliche besinnt und auch mal Gelassenheit übt. Das ist ganz im Interesse unserer Söhne.

Und es mag ein Trost sein. Trotz aller Verantwortung bleibt Erziehung nicht auf den engen Raum von Familie und Schule beschränkt. Kinder lernen nämlich immer zuhörend, aber vor allem nachahmend und ausprobierend. Lernbeispiele gibt es nämlich überall: in der Nachbarschaft, bei Freunden, auf der Straße. (Bleiben Sie an der roten Fußgängerampel beispielhaft stehen oder siegt die Ungeduld und Eile gelegentlich? Haben Sie sich darüber Gedanken gemacht, welchen Einfluss Ihr ungeduldiges Verhalten auf Kinder haben könnte?) Und natürlich finden sie ihre Modelle in unserer grenzenlosen virtuellen Welt. Bei so vielen verschiedenen Einflussgrößen verliert man schnell die Orientierung.

Fahren Sie Ski? Sind Sie schon mal bei dickem Nebel einen Berg hinuntergefahren? Es ist eines der schlimmsten Gefühle, die es gibt. Sie sehen nur eine Farbe: Alles ist wattig-weiß-grau. Sie sehen keine Unebenheit im Gelände. Plötzlich staucht es von unten und der Stoß wandert schmerzhaft durch den Rücken. Man sieht keine Pistengrenzen, keine Übergänge. Wenn man Pech hat, steht man plötzlich im Tiefschnee und wühlt sich wieder hinaus. Man klammert sich an jedes kleine Geräusch, das Klicken des Lifts, das Knirschen des Schnees unter den Skiern anderer Fahrer. Man rettet sich in die Hoffnung, dass wenigstens eine Richtung stimmt – bergab. Der Schweiß rinnt. Und man weiß nicht, ob es die Anstrengung ist oder die Angst, die einen so schwitzen lässt. Man schwankt zwischen Panik und Zuversicht und sucht nur eines: Orientierung.

Genauso geht es unseren Kindern und ganz besonders unseren Jungs:

- Soziale Konflikte im Umfeld
- Reizüberflutungen durch die Medien
- Entfremdung von der Natur
- wenig Bewegung, dafür aber Terminstress schon in jungen Jahren
- fehlende und wechselnde Bezugspersonen, soziale und emotionale Überforderung

machen ihnen das Leben schwer.

Unsere Kinder stochern im Nebel der Orientierungslosigkeit und suchen Halt und Werte. In ihrer Werteorientierung unterscheiden sich Jungen nicht unbedingt von Mädchen, aber der Weg, sich diese Werte anzueignen, unterscheidet sich durchaus. Und sie reagieren ungleich heftiger auf fehlende Orientierung oder auf fehlende Bewegung.

Ein konkretes Beispiel: An meiner Schule wurden vor zwei Jahren zwei Kinder eingeschult: ein Mädchen und ein Junge. Beide haben eine ähnliche Biografie: Kinder alleinerziehender, berufstätiger Mütter, seit ihrem ersten Lebensjahr in einer Ganztageskita, fehlender Kontakt zu den leiblichen Vätern, beide wurden in der Ganztagsschule angemeldet. Schon nach wenigen Wochen spürte die Klassenlehrerin eine gewisse Traurigkeit bei den beiden. In Gesprächen sagten beide unabhängig voneinander: »Ich wäre lieber zu Hause (bei meiner Mama).«

Wie reagierte das Mädchen im Weiteren? Sie suchte die Nähe zur Lehrerin oder einer Betreuerin, ließ sich auch gerne einmal in den Arm nehmen und kuschelte beim Vorlesen. Sie passte sich an.

Wie reagierte der Junge: Bei der Hausaufgabenbetreuung störte er penetrant durch Zwischenrufe, Umherlaufen und Anrempeln seiner Mitschüler. An Bastel- und Spielangeboten nahm er nicht teil. Waren die Kinder im Freien, rannte er bis zur Erschöpfung durch das Spielgelände und suchte Konflikte mit seinen Kameraden. Zweimal lief er einfach weg. Er rebellierte.

Kindheit ist ja bekanntermaßen kein Sonntagsspaziergang. Auch schwierige Zeiten gehören dazu. Um aus einer Kindheit, die nicht nur Schokoladenseiten hat, gestärkt hervorzugehen, braucht es eine Richtschnur und umfassende erzieherische Unterstützung. Wertvoll ist der Konsens aller an der Erziehung Beteiligten: Eltern und Familie, Kindertagestätte – Erzieherinnen und Lehrer, Nachbarn oder Trainer. Was brauchen Jungen, um glücklich aufzuwachsen? Wie sieht eine jungengerechte Erziehung aus? Wie organisiert man den Alltag für und mit Jungen, um sie von dem Stigma der Bildungsverlierer zu befreien? Wie behält man den Blick für das Wesentliche? Wie gibt man Jungen Halt, Struktur und Sicherheit, aber auch Freiheiten, damit aus kleinen aufmüpfigen Rebellen keine großen gefährlichen Rebellen werden? Eine der Antworten auf die vielen Fragen lautet: Man macht den kleinen Nachwuchsmännern klar, dass zum Beispiel »Anfassen erlaubt« ist. Das muss ich natürlich erklären.

3. ANFASSEN ERLAUBT

- WARUM JUNGEN NICHT NUR AUGEN, SONDERN AUCH HÄNDE HABEN
- WARUM JUNGEN »GANZE« KERLE SIND
- WARUM TIPPS VON MÄNNERN HILFREICH SEIN KÖNNEN

Was macht nun konkret das Anderssein von Jungen aus? Was können wir beobachten und welche Schlüsse können wir daraus für ihre Erziehung ziehen? Einige Beispiele sollen diese Fragestellungen ergründen.

Als mein Sohn Florian zu Hause auszog, weil ihn sein Fernweh zum Studieren ins Ausland lockte, holte ich das Perpetuum mobile aus seinem Zimmer und stellte es in das offene Regal unseres Wohnzimmers. In dem etwa zwanzig Zentimeter hohen Edelstahlkonstrukt waren zehn kleine Metallkugeln an durchsichtigen Perlonfäden aufgehängt. Nahm man die äußere Kugel in die Hand, hob sie etwas an und ließ sie dann wieder fallen, klatschte sie mit Wucht gegen die nächste. Die Bewegung setzte sich fort, bis die letzte Kugel durch den Schwung hochkatapultiert wurde und dank der Schwerkraft dieselbe Bewegung in die andere Richtung auslöste. Mir und meiner Tochter war das physikalische Phänomen der Konstruktion allerdings ziemlich egal. Das Teil stand dort, weil ich es hübsch fand – und sämtlichen Freundinnen und anderen weiblichen Gästen ging es ebenso. Das änderte sich schlagartig, als mein zweiter Mann mit seinen drei Söhnen in mein Leben trat: Egal, wer von den Jungs ins Wohnzimmer kam (und kommt!), der erste Gang war stets zum Regal: rechte Hand an die Kugel, anheben, sausen lassen. Ein regelmäßiges Klicken begann.

SEHENSWERT REICHT NICHT – ERLEBENSWERT MUSS ES SEIN

Ich begann, diese »Manie« amüsiert zu beobachten: Nahezu jeder jüngere männliche Besucher betätigte ungefragt das Mobile, während Mädchen wenig Lust hatten, die Konstruktion auszuprobieren. Dieses Mobile war kein Einzelfall. Als ich zum ersten Mal mit dem jüngsten Sohn meines Mannes unterwegs war, gab es so gut wie keinen Schalter, den er nicht ausprobierte. Ich war entsetzt. Hatte der Knabe keine Erziehung genossen? Mein Mann beruhigte mich: »Das ist normal. So war ich auch mal. Yannick macht da schon nichts kaputt.« Inzwischen sensibilisiert, weiß ich ebenfalls: Yannick ist wahrlich nicht das einzige männliche Wesen, das seine taktilen Sinne einsetzte, um die Welt zu erforschen.

Vor Kurzem stand ich suchend in einem Supermarkt. In meiner Nähe hielten sich zwei Kinder auf, offensichtlich Bruder und Schwester, beide zwischen sechs und neun Jahren alt. Plötzlich hielt der Junge inne. Die Produkte einer Aktionspalette hatten es ihm angetan. Wupps, ein Griff – und ein kleines digitales Gerät lag in seiner Hand. Begeistert drückte er auf dem Display herum. Seine Schwester verdrehte ungeduldig die Augen. »Nun komm endlich!« Mit einem kleinen Seufzer legte der Junge das Gerät zurück. In meinen Schulklassen beobachte ich Ähnliches: Lichtschalter, Schalter für Jalousien, Heizungsregulatoren, Toilettenspülungen, Feuermelder – nichts ist vor den Jungs sicher. Wer nicht bewusst darauf achtet, dem fällt es wohl kaum auf, denn die Jungs kippen die Schalter genauso schnell wieder in die Ausgangsposition zurück. Problematisch wird es nur, wenn die Aktion sofort eine Reaktion auslöst. So blieb der Sohn eines Freundes vor einiger Zeit mit seinen Klassenkameraden im Aufzug stecken. Zwei Stunden saßen sie fest, bis sie befreit werden konnten. Als ich ihn fragte, wie es dazu gekommen war, huschte ein

Grinsen über sein Gesicht: »Wir wollten testen, was geschieht, wenn wir alle gleichzeitig hochspringen.« Eines Winters wurde es in den Klassenzimmern unserer Schule merklich kühler, bis unser Hausmeister herausfand, dass der Sensor für die Temperatureinstellung in zwei Metern Höhe (!) manuell verstellt worden war. Seitdem prangt in dieser schwindelnden Höhe ein Zettel mit Leuchtschrift: »Schalter betätigen verboten!« Und es war mein Sohn, der als Kleinkind mit Freuden Stecker aus der Steckdose zog. Das Resultat waren abgestürzte Computer und abgetaute Gefriertruhen.

Inzwischen habe ich mich mit der taktilen Neugier von Jungs längst angefreundet. Funktioniert der Tageslichtprojektor im Klassenzimmer nicht auf Anhieb – irgendein Schüler kriegt ihn stets zum Laufen. Benötige ich den CD-Player, hat mein »freiwilliger technischer Dienst« ihn längst angeschlossen und die passende CD eingelegt. Die meisten Mädchen haben an solchen Tätigkeiten wenig Interesse. Sie teilen lieber Arbeitsblätter aus, während Jungs auch schon mal das Mittagessen versäumen, weil es im Klassenzimmer noch etwas zu entkabeln gibt.

Ich halte keine großen Stücke auf mein technisches Verständnis. Früher habe ich mir das zum Vorwurf gemacht: Manchmal hat auch die zweite oder dritte Erklärung eines chemischen oder physikalischen Zusammenhangs mir beim Verstehen nicht weitergeholfen. Diese Tatsache nagte an meinem Selbstwertgefühl. Inzwischen erlaube ich mir und anderen Menschen, kein Alleskönner sein zu müssen. Das ist in unserer komplexen Welt nicht einfach.

Wenn Mädchen sich für Technik interessieren, finde ich das wundervoll und wünsche ihnen, dass sie in dieser Männerdomäne »ihren Mann stehen«. Das bedeutet aber nicht, dass man Mädchen auf Teufel komm raus in technische Berufe katapultieren muss. Es kommt darauf an, dass jedes Kind die Chance bekommt herauszufinden, welche Talente in ihm stecken. Es muss über seinen Weg mitentscheiden können, dann machen Förderung und Anerkennung auch Sinn. Eine Studie der Universität Zürich aus dem Jahr 2014 mit dem Titel »Mehr Appetit auf Physik« kam zu dem Ergebnis, dass auch heute noch entschieden mehr Jungen sich für Naturwissenschaften interessieren als Mädchen. Trotz Emanzipation hat sich an dieser klischeehaft wirkenden Rollenverteilung nicht viel geändert. Es stürzen sich zwar sowohl Jungen als auch Mädchen geradezu enthusiastisch in Experimente und tüfteln voller Freude an einem naturwissenschaftlichen Problem, während andere Berührungsängste haben. Aber es wurde bei der Untersuchung festgestellt, dass die erste Gruppe, also die an Naturwissenschaften hoch Interessierten, grundsätzlich kleiner ist als die zweite. Und in der Gruppe der »potential scientists«, so werden die besonders interessierten Kinder und Jugendliche genannt, sind definitiv mehr Jungen als Mädchen vertreten. Das Universitätsjournal hierzu: »Man unterscheidet zwischen Empathikern und Systematikern. Die Gruppe der hoch motivierten ›potenziellen Naturwissenschaftler‹ umfasste 6 Prozent der befragten Jugendlichen. Sie erwiesen sich als überdurchschnittliche Systematiker. Gut die Hälfte (54 Prozent) gehören zu den durchschnittlichen Systematikern, sie bringen durchaus ein gewisses Interesse an der Naturwissenschaft mit. Die restlichen 40 Prozent, die schwachen Systematiker, sind schwerer für solche Fächer zu begeistern. Eine Analyse bestätigt, dass

Mädchen tendenziell eher Empathiker sind, Jungen aber Systematiker.«

MÄDCHEN SIND EHER EMPATHIKER, JUNGEN HINGEGEN SYSTEMATIKER.

Um sich mit naturwissenschaftlichen Phänomenen auseinanderzusetzen – so erklärte die Studie –, bedürfe es also einer starken Affinität zu systematischem Denken. Nur zwei Prozent der Mädchen seien überdurchschnittliche Systematiker und hätten entsprechend den Drang, Systeme zu begreifen und aufzubauen.

ELF PROZENT DER JUNGEN SIND ÜBERDURCHSCHNITTLICHE SYSTEMATIKER

Das sind fünf Mal mehr Jungen als Mädchen! Weshalb dem so ist, versuche ich in Kapitel 5 nachzugehen.

Fakt ist: Viele Jungen beginnen schon früh neugierig und unerschrocken die Funktionsweise technischer Systeme zu erkunden. Sie sind voller Experimentierlust, nehmen Gegenstände in die Hand und probieren einfach aus. Sie kommen durch spielerische Handgriffe mit technischen oder naturwissenschaftlichen Phänomenen und Zusammenhängen »in Berührung« und ziehen so oft die richtigen Schlüsse. Wir müssen also unbedingt Wege finden, um Jungen genau das zu ermöglichen: Sie sollten ihre Umwelt mit allen Sinnen (multisensorisch) erkunden dürfen, und wir müssen sie dazu ermuntern, Schlussfolgerungen daraus zu ziehen.

Sie wollen nicht nur über das Auge und die Ohren lernen, sondern auch ihre anderen Sinne einsetzen – die sie wiederum auf diese Weise schulen.

Raphael ist ein abschreckendes Beispiel dafür, wie Neugier und Lernbereitschaft durch das Blockieren multisensorischen Lernens kaputt gemacht werden: Sein Vater erzählte mir, wie Raphael sich als Kleinkind stundenlang mit einer Kiste alter Kabel und Stecker beschäftigen konnte, statt Bauklötzchen zu stapeln oder kommunikativere Spiele zu spielen. Sein Interesse an Elektronik fror jedoch ein, als er gezwungen wurde, dem Physiklehrer dabei zuzuschauen, wie dieser Versuche vorführte. Gelegentlich durfte ein braver Schüler assistieren, aber mehr war nicht drin. Raphael war zum passiven Beobachten verdammt. Das war ermüdend. Erst viel später erkannte ein Lehrer sein Talent und band ihn vertrauensvoll in den PC-Support der Schule ein, wobei Raphael förmlich aufblühte. Unter Raphaels Mitwirkung entstand die Homepage der Schule und so manches technische Problem wurde von ihm behoben. So konnte er seine Begabung entfalten.

Ebenfalls beeindruckend ist der Fall eines kenianischen Jungen: Ein Zwölfjähriger, der mit seiner Familie auf einer kleinen Farm nahe Nairobi lebt, erfand eine »Löwen-Vertreibmaschine«. Er hatte beobachtet, dass sich die Löwen von plötzlichen Lichtquellen irritieren lassen, und bastelte so lange mit Lampen, Elektrokabeln und anderem Material, bis eine wirksame Anlage entstand, vor der die Raubtiere Reißaus nehmen. Inzwischen versorgt er das ganze Dorf mit seinen Anlagen.

INDIVIDUELL GESTEUERTES TUN (TUT GUT)

Schon Pestalozzi sprach von »Herz – Hand – Kopf« und meinte damit, dass kindliches Lernen stets an Bewegung und Handlung geknüpft ist. Auch für Maria Montessori waren Sinneserfahrung und Bewegung unverzichtbar (zum Aspekt Bewegung siehe auch Kapitel 4). In meinen Augen ist Maria Montessori eine wahre Kinderversteherin gewesen, und es stimmt mich traurig, dass viele Eltern noch immer so wenig über diese Reformpädagogin wissen. Erst zu Beginn dieses Schuljahres konnte ich sehen, wie wenig über Montessori bekannt ist: Eine engagierte junge Lehrerin mit Montessori-Diplom begann an meiner Schule zu unterrichten. Gleich beim ersten Elternabend ihrer Klasse hatte sie mit dem unerwarteten Gegenwind einer Mutter zu kämpfen, weil diese Montessoripädagogik für Teufelszeug hielt. Sie war in dem Glauben, man ließe die Kinder frei entscheiden, was immer sie tun oder lassen wollten. Dass klare Strukturen und individuelle Lernpläne Basis der Arbeit waren, war ihr fremd. Dank einiger Eltern, die bereits von Montessori gehört hatten, konnte die Dame beruhigt werden und die junge Kollegin in Ruhe über Maria Montessori erzählen: Maria Montessori war Ärztin und Wissenschaftlerin. Ihre pädagogischen Erkenntnisse sammelte sie durch intensives Beobachten. So erkannte sie, was Kinder brauchen. Aktives, konstruktives Lernen mit einem Erzieher, der das Kind zur Selbstständigkeit anleitet, ist die Basis ihrer Theorie: lernen durch aktives Handeln, möglichst in jahrgangsübergreifenden heterogenen Gruppen, in denen das Helferprinzip wichtiger Bestandteil ist.

Voraussetzung dafür ist ein sehr großes Materialangebot, das die Lehrkräfte oft in aufwendiger Hand- und Bastelarbeit selbst herstellen, weil die Anschaffung fertiger Produkte das Schulbudget meist sprengt. Zu jedem Lernthema gibt es Übungen, die die Sinne des Kindes auf unterschiedliche Weise beanspruchen und trainieren. Lernmaterialien, die man in die Hand nehmen muss, sind vielfältig vorhanden. Gleichzeitig werden die Kinder zur Ordnung angehalten, denn jedes Materialstück muss nach Gebrauch seinen Weg wieder zurückfinden. Nur so wird gewährleistet, dass alle Kinder die Übungen machen können. Bei der Auswahl der Übungen entscheiden die Kinder mit. Sind die Materialien vergriffen, muss man abwarten können und sich in der Zwischenzeit eine andere Aufgabe suchen. Das Abwarten-Müssen dient dazu, die Resilienz der Kinder aufzubauen. Auch beschrieb Maria Montessori die natürliche Wechselwirkung aus Veranlagung und Umwelt als maßgeblich für das Lernen: Wer versteht, wie Jungen ticken, und ihnen zur richtigen Zeit die richtige »Lernnahrung« gibt, braucht sich nicht zu sorgen, dass sie auf der Strecke bleiben. Dazu aber muss man ihre Bedürfnisse kennen! »Nur weil ein Kind nicht die Möglichkeit hat wie ein Erwachsener, seine Bedürfnisse zu äußern, heißt das nicht, dass man seine Bedürfnisse missachten darf«, so Montessori. »Ziel ist es, Kindern einen Weg zu ermöglichen, fröhlich die Welt zu erobern, für die sie später Verantwortung übernehmen werden.«

MONTESSORI ODER PSEUDO-MONTESSORI?

Leider gibt es Missverständnisse unter Pädagogen hinsichtlich Montessori: Immer wieder legen weniger gut ausgebildete Erzieher und Lehrkräfte den Montessoriansatz ihrer Arbeit zugrunde und verwechseln individuell gesteuertes Tun mit »laissez faire« – jeder macht, was ihm gerade gefällt. Eltern, Erzieher und Lehrer stehen freudig lächelnd daneben, wenn ein Kind alles Mögliche ausprobiert und dann unbeachtet liegen lässt oder manche Aufgaben gar nicht anrührt. »Er holt sich schon, was er braucht«, ist die völlig entspannte Entschuldigung. So aber hatte sich das Maria Montessori nicht gedacht: Auch das selbstständige Üben erfolgte im Rahmen klar definierter Strukturen und Regeln, die die Kinder einhalten müssen. Es sind Vorurteile und unzureichendes Wissen, dass Eltern ängstlich, skeptisch und ablehnend werden lassen.

Fröhlich die Welt zu erobern heißt: Experimentieren und ausprobieren dürfen, Aktionen in Gang setzen und die Reaktionen abwarten und bewerten. Ist das Kind in seinem Tun erfolgreich, wird es die Vorgehensweise wiederholen. Erlebt es einen Misserfolg oder eine unangenehme Konsequenz, geht es beim nächsten Mal anders vor. Warum aber missachten so viele Erziehungsverantwortliche diese wichtigste Grundregel kindlichen Lernens? Weil es vordergründig bequemer ist, nicht auf solche Besonderheiten zu achten?

WIR MISSACHTEN DIE WICHTIGSTE REGEL DES LERNENS: KINDER MÜSSEN EXPERIMENTIEREN DÜRFEN!

DER BEWEGUNGSDRANG VON JUNGEN IST WESENTLICH

Erziehen und Lehren, wie es Montessori für sich definiert, ist: Beobachten, die Beobachtung wirken lassen, um Konsequenzen für weitere Erziehungs- und Lernschritte zu ziehen – all das ist in seiner Struktur nicht viel anders als die Art, wie Kinder lernen, aber es ist anstrengende, zeitaufwendige pädagogische Arbeit sowohl für Eltern als auch für Erzieher und Lehrkräfte. Fraglos ist es einfacher, das Kind vor dem alles wissenden Computer oder dem nimmermüden TV-Gerät zu parken, anstatt die Zeit in gemeinsames Spiel oder Entdeckungsreisen in der näheren Umgebung zu investieren. Dabei hätte diese Investition einen doppelten Effekt: Das Kind lernt spielend und entdeckend in seiner bekannten Umwelt mit einer wichtigen Bezugsperson und wir Erwachsene haben die Chance, in diesen gemeinsamen Zeiten das Kind – unseren Sohn – noch besser kennenzulernen. Beobachten lassen sich Kinder aber auch in ganz alltäglichen Situationen: Wie und was spielt unser Sohn gern? Lieber allein oder mit seinen Freunden? Ist er fasziniert von Bilder- oder Wissensbüchern? Nimmt er die Spielzeuge gern in die Hand, um sie hin und her zu drehen und zu wenden, baut er etwas auseinander und wieder zusammen? Ist er gern draußen und tobt in der Natur oder auf dem Spielplatz herum? Das Kind dabei zu beobachten, wie es etwas Neues ausprobiert, hilft uns, unsere Kinder kennenzulernen.

Dasselbe gilt für den Schulalltag. Es ist einfacher und anspruchsloser, sich vor eine Gruppe zu stellen und den vorbereiteten Text abzuspulen, statt herauszufinden, wo das Kind gerade steht, um es genau dort abzuholen. Es ist einfacher, Kinder nur frontal zu bedienen, statt sich Gedanken darüber zu machen, in welche Bahnen man den Bewegungsdrang von Kindern lenken kann.

Wir können uns gerade mit Blick auf die Erziehung von Jungen Berührungsängste vor dieser großartigen Erziehungsmethode einfach nicht leisten. Geleitet von Bequemlichkeit oder weil es uns vermeintlich an Zeit fehlt, wählen wir den falschen Weg und klagen dann über Zappelphilippe und Störenfriede, abflachende Konzentrations- und Anstrengungsbereitschaft, steigendes Aggressionspotenzial in Bildungseinrichtungen und zu Hause, über Achterbahnfahrten in Schulbiografien, Ausbildungsabbrüche, unzufriedene, unglückliche Kinder und Jugendliche ...

Um Eltern zu entlasten und um Kindern und Jugendlichen bessere Schul- und Ausbildungschancen zu geben, setzt man heute auf frühzeitige Ganztagsbetreuungsangebote, auf Gemeinschaftsschulen oder schlichtende Schulsozialarbeit. Man verändert Strukturen, reagiert symptomatisch, statt das Problem an der Wurzel zu packen: Weshalb fühlen sich Jungen so oft unwohl in unseren Schulen? Weshalb haben so viele Jungen Misserfolgserlebnisse und mit dem Verlust von Selbstvertrauen zu kämpfen?

Warum empfinden wir sie als unaufmerksam oder gar verhaltensauffällig? Und wenn sie wirklich unaufmerksamer und auffälliger sind als Mädchen: Warum ist das so?

EINGEENGTE JUNGEN SIND UNGLÜCKLICH UND UNPRODUKTIV

Raubkatzen im Zoo sagt man nach, sie würden besonders aggressiv, wenn ihnen jegliche Bewegungsfreiheit genommen wird. Dieses Bild ist auf Jungen übertragbar. Wir haben die räumlichen Grenzen, die sie umgeben, eng geschnürt, statt ihnen die nötige geistige und körperliche Bewegungsfreiheit zu gewähren. Es ist, als schnüre man ihnen die Luft ab. Wir brauchen uns also nicht zu wundern, wenn die Jungen dem Druck nicht mehr standhalten – und explodieren, das heißt Dinge tun, die wir nicht akzeptieren wollen. Mädchen scheinen sich den Strukturen leichter anzupassen. Sie sind weniger verhaltensauffällig und wirken zufriedener. Das liegt daran, dass die Strukturen des Bildungssystems sich den Bedürfnissen der Mädchen angepasst haben.

Das Bild einer Schülergruppe an einer Bushaltestelle kommt mir in den Sinn: Hier die Mädchen, eng beieinander stehend und tuschelnd, da die Jungen im lockeren Verbund. Plötzlich stupst einer seinen Freund kumpelhaft an der Schulter. Sein Freund verliert leicht die Balance, lacht und rempelt zurück.

Stellen Sie sich die Situation im Klassenzimmer vor. Die Lehrerin stellt eine Aufgabe, die in Gruppen besprochen werden soll. Die Mädchen rücken eng zusammen, kommunizieren intensiv und schreiben ihre Ergebnisse auf. Die Jungen versammeln sich an einem anderen Tisch. Einer stupst seinen Freund an, dieser rempelt zurück. Die Lehrerin sieht es. Wie wird sie reagieren? Jungen verfügen offensichtlich über ein anderes Kommunikationsverhalten. Sich körperlich zu spüren, auch wenn es für einen Außenstehenden rüpelhaft aussieht, ist normal. Bis zu einem gewissen Grad ist Anfassen erlaubt. Die Akzeptanzschwelle ist unsichtbar und wird in spielerischen Ritualen ausgelotet. Für Jungen ist das »Umsichgreifen« genauso relevant wie das Wahrnehmen über Auge und Ohr. Immer wieder beobachte ich bei unseren männlichen Schulanfängern, dass sie sich bei Lauf- oder Fangspielen absichtlich auf den Boden fallen lassen und wie kleine Welpen herumkugeln, um sich dann wieder aufzurappeln und weiterzulaufen. Es scheint, als müssten sie den Boden unter ihren Füßen auch mit den Armen, dem Bauch und dem Rücken spüren.

Was sich die Reformpädagogik vor hundert Jahren zum Inhalt machte, ist heute aktueller denn je: Wenn wir in unseren Schulen den Unterricht verstärkt handlungsorientiert und »sinn-voll«, also mit allen Sinnen, gestalten, kommen wir den Bedürfnissen der Jungen entgegen, ohne die Mädchen zu benachteiligen. Diese können zwar auch anders lernen, haben aber erfahrungsgemäß an handlungsorientierten Angeboten genauso viel Freude und profitieren davon. So erleichtert zum Beispiel auch ihnen das tatkräftige »Ein-Greifen« in einer Versuchsanordnung stets das Verstehen von Naturphänomenen.

ABENTEURER-ANEKDOTEN

Wie Jungen auch zu Hause ihre Welt handelnd erkunden, zeigen viele, oft lustige Beispiele. Eine Freundin versuchte mal, ihren kleinen Enkel bei der Gartenarbeit mithelfen zu lassen. Der Kleine verzichtete dabei auf Handschuhe, Rechen und Schaufel. Er setzte seinen Spielzeugbagger ein. Nach einer Weile fand er es allerdings viel interessanter, die Setzlinge aus dem Beet wieder auszubaggern als Oma zu helfen, diese achtsam einzubuddeln.

Vor vielen Jahren hatten mein Sohn und sein Freund die glorreiche Idee, einen Tunnel zu graben. Das Ziel war, schneller aus unserem Vorgarten in der Reihenhaussiedlung zum rückwärtigen Garten zu gelangen. Die beiden begannen zu schaufeln, die Erde flog. Das Loch wurde jedoch nur geringfügig größer, also probierten sie, ihre Buddelarbeiten mithilfe von Wasser zu beschleunigen, und schütteten eimerweise Wasser in das Loch. Die Tat war nicht von Erfolg gekrönt. Stattdessen sah die Hauswand mit ihren Erdspuren aus, als hätte sie Pocken und Pickel bekommen, die Grasnarbe im Vorgarten war zerstückelt, der Zuweg rutschig vom Schlamm. *I was not amused.* Ich hatte den Tatendrang der Jungs unterschätzt und mir wurde klar, dass man ihnen Aufgaben geben muss, die sie gleichermaßen körperlich fordern, aber weniger Schaden anrichten.

Unser kleiner Neffe hatte vom Krabbelalter an ein ausgeprägtes Interesse an Baggern. Jedes andere Spielzeug war uninteressant. Er reagierte geradezu ekstatisch, wenn er ein solches lärmendes Baufahrzeug irgendwo entdeckte, und quatschte jeden Baggerfahrer an, ob er mit in die Fahrerkanzel dürfe. Das Ganze gipfelte in dem Wunsch, eine Baggerfabrik besichtigen zu dürfen. Der Traum wurde an seinem siebten Geburtstag wahr. Einen halben Tag verbrachte er auf dem Gelände des größten Baggerherstellers Süddeutschlands. Die Krönung der Besichtigungstour war ein Ausbildungsvertrag, einzulösen am Tag seines Schulabschlusses.

Der Vater eines Schülers arbeitete bei dem hiesigen Elektrizitätswerk und schlug eines Tages vor, Stromversuche mit den Kindern der vierten Klasse durchzuführen. Wir räumten den halben Keller leer, um Platz für die Versuchsaufbauten zu machen. Erwartungsvoll und mucksmäuschenstill saßen die Kinder auf ihren Stühlen. Aufmerksam und achtsam die Mädchen, spannungsgeladen die Jungs, die immer weiter nach vorn rutschten, um staunend das Zischen und Krachen zu beobachten. Der Vater verstand es wunderbar, die Kinder einzubeziehen. Als Assistenten boten sich nur Jungs an; die Mädchen suchten lieber die sichere Distanz, je lauter es knallte und je stärker es roch.

Jedes Jahr unternimmt unsere Schule eine Vielzahl von Lerngängen und Ausflügen. Wir sind dabei auf die Bereitschaft von Eltern angewiesen, uns als Aufsichtspersonen zu begleiten. Ob Autorenlesung, Wandertag oder Theaterbesuch – Mütter stehen immer bereit. Einmal im Jahr fahren wir in das Technorama nach Winterthur in der Schweiz, ein hervorragendes interaktives Technikmuseum. Dann sind es die Väter, die darum bitten, mitgehen zu dürfen. Die Interessen der Väter sind offensichtlich anders gelagert als die der Mütter. Und jeder Vater war einmal ein Sohn.

TIPPS VON MÄNNERN KÖNNEN WERTVOLL SEIN!

Dass es Jungen helfen würde, mehr männliche Bezugspersonen im Schulalltag zu haben, will ich nicht pauschal behaupten. Eine engagierte, emphatische Lehrerin, die die Bedürfnisse von Jungen erkennt, erscheint mir allemal besser zu sein als eine männliche Lehrkraft, der es an Engagement, pädagogischer Fantasie und Empathie fehlt. Das Wichtigste ist, überhaupt zu erkennen, dass Jungen besondere Bedürfnisse haben, auf die wir eingehen müssen. Dass in der Erziehungs- und Bildungslandschaft überwiegend Frauen tätig sind, ist eine Tatsache, die wir nicht so schnell wegradieren können. Also müssen wir mit Sachverstand reagieren. Ich selbst bin bisher gut damit gefahren, mir in entsprechenden Situationen Rat bei einem Mann zu holen. Diese zweite, männliche, Sichtweise half mir immer wieder, das mir manchmal merkwürdig erscheinende Verhalten von Jungen besser zu verstehen und adäquat darauf zu reagieren.

Bruce Carrington, Professor der Erziehungswissenschaften an der Universität Glasgow, formulierte in einer Präsentation zum Thema »*Role models, school improvement and the ›gender gap‹ – do men bring out the best in boys and women the best in girls?*« bei der EARLI Conference 2005 in Nicosia den prägnanten Satz: »Vergesst Gender! Ob eine Lehrkraft männlich oder weiblich ist, spielt keine Rolle! Vielmehr bringen weibliche Lehrkräfte das Beste in beiden Geschlechtern hervor.« Der zweite Satz ist sehr gewagt und konnte bislang wissenschaftlich nicht bestätigt werden. Ich würde ihn so nicht mittragen und interpretiere die Aussage deshalb wie folgt: Selbst wenn wir mehr weibliche Erzieher und Lehrer haben als männliche, muss das den Jungen nicht schaden, vorausgesetzt, wir Frauen sind in der Lage, die Bedürfnisse der Jungen zu erkennen und richtig darauf zu reagieren, obwohl uns manche Verhaltensweise fremd erscheint. Der Diplompsychologe Dr. Tim Rohrmann, Koordinator und fachlicher Leiter der Koordinierungsstelle »Männer in Kitas« in Berlin, zieht ein ähnliches Fazit: »Damit eine Grundschule jungengerecht ist, muss sie eine gute Schule sein. Jungen machen mit ihrem auffälligen Verhalten oft auf Probleme aufmerksam, die alle Kinder betreffen. Wenn sie Frontalunterricht und langes Sitzen langweilig oder unerträglich finden, ist das nicht nur das Problem der Jungen, sondern einer Schule, die sich zu wenig bewegt. (...) Im fachbezogenen Unterricht auf der Primarstufe ist ein vielfältiges pädagogisches Angebot anzustreben.«

Ja. Alle Kinder haben ein Recht darauf, ihren Bedürfnissen und Fähigkeiten gemäß unterrichtet und erzogen zu werden. Aber die Diskrepanz zwischen der Art und Weise, wie Schule und Erziehung heute funktionieren und wie Jungen Schule und Erziehung erleben sollten, ist offenbar zu groß.

Wir nehmen zu selten die Jungenperspektive ein. Da die Veränderungen in den letzten Jahren fließend waren, fielen sie uns kaum auf. Wachgerüttelt werden wir erst jetzt, weil die Jungs symptomatisch reagieren. Sie rebellieren gegen Forderungen, Umstände und neue Situationen. Ihre Rebellion ist keine geplante. Sie reagieren intuitiv auf eine Lebenswirklichkeit, die nicht mehr zu ihnen passt.

4. WENN ES BRODELT, MUSS ES RAUS – BEWEGUNG ALS KATALYSATOR

- WARUM JUNGEN SICH BEWEGEN MÜSSEN
- WAS SCHON DIE ALTEN RÖMER UND GRIECHEN WUSSTEN
- WAS BEWEGUNGSORIENTIERTE SCHULEN AUSMACHT

Vor Kurzem wurden Kinder einer Schweizer Primarschule befragt, welchen Stellenwert die Pausen für sie haben. Ein Schüler meinte: »Darauf freuen wir uns den ganzen Morgen. Die Meidlis treffen sich auf dem Pausenhof zum Schnorren (Quatschen), und bei uns Buben will jeder der Erste auf dem Fußballplatz sein.«

An meiner Schule werden jedes Jahr in den vierten Klassen »Pausenhelfer« ausgebildet. Sie erhalten Einblicke in Erste Hilfe, üben kleine Streitereien zu schlichten, zu helfen und zu trösten. Normalerweise führen die Kinder ihren Dienst alle zwei Wochen einmal aus. Während sich die meisten Mädchen verlässlich und fürsorglich um die anderen Kinder kümmern, kommt es schon einmal vor, dass einem Jungen ein Ball vor die Füße rollt und er sein Amt völlig vergisst. Nach der Pause eilt er verschwitzt und schief grinsend ins Klassenzimmer zurück: »Ich hatte plötzlich so große Lust zum Spielen. Entschuldigung! Nächstes Mal achte ich besser auf meinen Dienst.« Sein Bewegungsdrang hat den kleinen Sanitäter offensichtlich übertölpelt. Loszurennen und sich im Spiel einzubringen war ein viel größeres Bedürfnis, als wachsam auf dem Pausengelände seine Hilfe anzubieten.

Wertet man die Bewegungswege der Jungen auf dem Pausengelände aus und vergleicht sie mit den Wegen der Mädchen, ist ihre Intensität und Reichweite sehr viel größer. Zwar bewegen sich die meisten kleinen Mädchen auch gerne im Spiel, aber es kommt zu weniger Unfällen und Zusammenstößen. Sie spielen besonnener und erlauben sich seltener wilde »Ausbrüche«.

Bevor wir begannen, unser Pausengelände im Schulbereich umzugestalten, hatten wir eine Studie mithilfe von

Videoaufnahmen durchgeführt, um herauszufinden, wie wir den verschiedenen Bedürfnissen am besten gerecht werden können. Viele der Jungen bewegten sich in ihrem Spiel kraftvoll und schnell, oftmals ohne nach rechts und links zu schauen, häufig in Pulks über das Gelände. Deshalb kam es immer wieder zu schmerzhaften Zusammenstößen. Nach der Erweiterung des Geländes entspannte sich die Situation. Zwar wurde die Bewegungsintensität der Jungen nicht weniger, dafür aber weiträumiger. Die Kinder hatten nun mehr Platz und nutzten ihn.

JE MEHR PLATZ JUNGEN HABEN, DESTO WENIGER SCHMERZHAFTE ZUSAMMENSTÖSSE GIBT ES.

Auch der unterschiedliche Umgang mit den neuen Pausenspiel- und Klettergeräten ist interessant: Während die Mädchen Stelzen als Stelzen und Sprungseile als Sprungseile nutzten, entfremdeten einige Jungen die Stelzen mit Vorliebe zu Gewehren oder Schwertern. Seile ließen sich wunderbar zum Festbinden von »Feinden« nutzen. Aus Angst vor Unfällen unterbanden wir die Zweckentfremdung der Gegenstände.

RINGEN UND RAUFEN IN GEREGELTEN STRUKTUREN

Daraufhin entdeckten die Jungen den Spielbereich mit den Klettergerüsten neu. Wir entschieden uns bei der Gestaltung des Außenbereiches für Mulch als Fallschutz. Eine Gruppe Jungen, die sich täglich vergrößerte, merkte allerdings, wie großartig es ist, sich selbst in den Mulch fallen zu lassen oder sich gegenseitig hineinzuschmeißen. Binnen weniger Tage entwickelte sich eine regelrechte Rauf- und Ringerarena. Die Knaben traten zum Zweikampf an. Was sollten wir tun? Wieder etwas verbieten, das die Kinder gerade mit Freude entdeckt hatten? Ein älterer Kollege unserer Schule verwies auf den Bildungsplan im Sport, der tatsächlich »Ringen und Raufen in geregelten Strukturen« beinhaltet, und stellte sich als Aufsicht führende Person zur Verfügung, um dem neuen Spiel der Kinder Struktur und Reglement zu verleihen. Inzwischen ist das »Mulch-Raufen« kein großes Thema mehr bei den Jungs. Vielleicht liegt es auch daran, dass der Rohstoff schnell seine Weichheit verliert und dem Geruchssinn nicht so sehr schmeichelt, wenn er nicht mehr frisch ist. Die Raufereien stellten sich von selbst ein, ohne dass wir Erwachsenen wieder etwas hätten verbieten müssen. Mit etwas Geduld, Gelassenheit und Fantasie klären sich offensichtlich manche Dinge von ganz allein.

Dennoch beobachtete ich einige der kleinen Jungs, die nach wie vor ihre helle Freude hatten, sich im Spiel auf den weichen Boden zu werfen. Dass dabei die Hose Schmutzspuren abbekam, wurde natürlich nicht sonderlich beachtet. So geschah es, dass eine Mutter völlig aufgebracht zum Elterngespräch mit der Klassenlehrerin erschien, man möge doch unterbinden, dass sich ihr Sohn in der Pause so schmutzig mache. Die junge Kollegin schlug der Mutter daraufhin vor, den Sohn pflegeleichter einzukleiden oder, wenn es sie so störte, den Kleinen selbst zu ermahnen, worauf die Mutter rief: »Ich lasse ihn eh schon seine Hosen selber waschen – von Hand!« Die Kollegin war sprachlos und schluckte. Am nächsten Tag klingelte es zur Pause. Die Kinder sausten fröhlich ins Pausengelände. Auch der kleine Lausbub, der seine Hosen selber waschen musste, war mitten drin. Plötzlich hielt er im Spiel inne. Er hatte seine Mutter erspäht, die sich hinter einem Busch außerhalb des Pausengeländes beobachtend – oder eher überwachend – versteckt hatte. Er biss sich auf die Unterlippe, kniff die Augen zu schmalen Schlitzen und warf sich ohne Rücksicht auf Verluste der Länge nach auf den Boden, strampelte wie ein Maikäfer, rappelte sich wieder auf und grinste unverschämt in Richtung Mutter. Dann drehte er sich weg und spielte unbehelligt mit seinen Kameraden weiter. Selbst das Risiko, eine Strafe einzukassieren, hielt ihn nicht davon ab, sein Bewegungsspiel nach seinen Regeln durchzuführen.

BEOBACHTUNGEN AUS DEM KLASSENZIMMER

Es sind vermehrt die Jungs, die nach längeren Übungs- und Konzentrationsphasen unruhig auf ihren Stühlen herumrutschen, während Mädchen eher zu schwatzen oder auf ihrem Papier herumzumalen anfangen. Ich vermute, dass in meinen Dienstjahren mindestens dreimal so viele Jungs wie Mädchen von ihren Stühlen gepurzelt sind. Außerdem stehen Jungen immer wieder auf, wenn sie schriftliche Aufgaben lösen sollen. Sie arbeiten lieber im Stehen. Deshalb ließ ich die Fenstersimse im Klassenzimmer verbreitern, sodass sie nun als Stehpulte genutzt werden können. Und seit einigen Jahren setze ich auch Sitzbälle im Klassenzimmer ein, konnte bisher aber nur wenige Kollegen vom Sinn dieser flexiblen Sitzmöglichkeit überzeugen. »Nein, niemals! Dieses Auf- und Abgehüpfe würde mich ja ganz nervös machen.« Offensichtlich ist es für die Kollegen weniger stressig, die Kinder dauernd ermahnen zu müssen. Hingegen fand ich den Vorschlag einer engagierten Referendarin sehr spannend: Sie bat darum, zwei Fußwippen unter die Tische stellen zu dürfen, die jeweils nach einer Unterrichtsstunde weitergereicht werden. Ihr Versuch unterstützte die motorisch aktiven Schüler tatsächlich: Die Bewegungen wurden kontrollierter und wirkten sich weniger störend auf den Unterricht aus.

Was ich mit all diesen Beispielen unterstreichen will: Ich bin überzeugt davon, dass wir sehr viel weniger ADHS-Diagnosen hätten, würden wir die Kinder – vor allem die Jungs – ihren Bewegungsdrang ausleben lassen.

WARUM JUNGEN SICH BEWEGEN MÜSSEN

Durch diverse wissenschaftliche Untersuchungsergebnisse zum Thema »Kinder und Bewegung« fühle ich mich in meiner Wahrnehmung bestätigt. Eine Studie führte Professor Dr. Alexander Woll mit Frau Dr. Ilka Seidel an der Universität Konstanz durch. In seiner Präsentation »Bewegung, Spiel und Sport an der Schule – ein Beitrag zur Gesundheitsförderung unserer Kinder« (2006) stellte er die Ergebnisse zusammen. Die beiden Wissenschaftler stützten sich dabei auch auf Erkenntnisse, die bereits Dr. Bös vom Sportinstitut Karlsruhe (2003) gewonnen hatte. Dr. Woll machte beispielsweise deutlich, wie sich die Bewegungswelt unserer Kinder verändert hat. Während ein Kind früher sein elterliches Heim, die Straße, auf der es spielte, den Schulweg und die Schule auch räumlich als – im positiven Sinn – eng miteinander verbunden erlebte, weil es sich zwischen den verschiedenen Einrichtungen frei hin- und herbewegen konnte, erleben viele Kinder ihren Lebens- und Spielbereich heute wie kleine Inseln, zwischen denen sie je nach Terminplan meist mit dem Auto hin- und hergefahren werden. Heute gehen Kinder einfach viel seltener selbst auf Entdeckungsreise, weil sie zwischen den Einrichtungen nicht mehr zu Fuß pendeln dürfen. Man nimmt den Kindern die Chance, sich räumlich und zeitlich besser in der Welt zurechtzufinden.

Diese Erkenntnis verursacht bei manchem Erwachsenen ein schlechtes Gewissen und führt in Folge zu so kuriosen Erfindungen wie dem an meiner Schule über mehrere Jahre von Eltern angebotenen »Laufbus«. Die Idee ist grundsätzlich witzig – und allemal besser als das sogenannte »Eltern-Taxi« –, deshalb unterstützte ich es auch: Beim Laufbus treffen sich Schulkinder an richtigen Haltestellen zu bestimmten Uhrzeiten, um gemeinsam mit Unterstützung eines Erwachsenen sicher zu Fuß zur Schule zu gehen.

Es lässt sich aber bei solchen Maßnahmen eine grundsätzliche Sache nicht mehr retten, nämlich die Chance zu entscheiden, mit wem Kinder zur Schule laufen, wie schnell oder wie langsam sie gehen, und was sie dabei unterwegs tun oder nicht tun, ohne dabei ständig unter Beobachtung zu stehen. Deshalb – oder weil es einfach immens viel Organisation war – haben wir inzwischen eine moderatere Form des Laufbusses gesucht und gefunden: Die Kinder holen sich gruppenweise gegenseitig zu Hause ab und gehen zu Fuß in die Schule. Jede Schülergruppe bildet einen kleinen Laufbus. Und es entlockt mir ein Schmunzeln, denn die Kinder tun genau das, was Generationen vor ihnen auch ganz selbstverständlich gemacht haben: Sie gehen zu Fuß in die Schule! Zumindest ein Teil der Schülerschaft. Der andere Teil wird immer noch kutschiert.

In der Schweiz wurde zu diesem Problem ein interessantes Projekt der Verkehrspolizei aufgelegt: »Auch der Schulweg bildet – lassen Sie Ihr Kind los!«. Der Appell richtet sich an alle Taxi-Eltern. Denn wenn unsere Kleinen ständig chauffiert werden, entdecken sie weder die Regenwürmer, Spinnen und anderes Getier auf ihrem Weg, noch haben sie die Möglichkeit, Kieselsteine herumzukicken. Es gibt keine Altersgenossen, mit denen man Späße machen, streiten und sich wieder versöhnen kann. Man nimmt ihnen die Möglichkeit, aufgestaute Energie in Bewegung zu kanalisieren, und akzeptiert Unausgeglichenheit und Aggression.

TAXI-ELTERN KUTSCHIEREN IHRE KINDER IN DIE SCHULE – LEIDER, DENN AUCH DER SCHULWEG BILDET.

Dr. Wolls Studie zeigt auch, dass nur noch 36 Prozent aller Kinder täglich im Freien spielen, während 25 Prozent sich bevorzugt im Haus aufhalten. 50 Prozent aller Kinder im Grundschulalter haben eine Spielekonsole *und* einen eigenen Fernseher. Besonders die Jungs reagieren fasziniert auf dieses Medienangebot. Bewegung wird von etwas Selbstverständlichem und Alltäglichem zu etwas Besonderem. Dabei wissen wir aus der Entwicklungs- und Lernpsychologie, dass Kinder – Jungen und Mädchen – über ihre Sinne und über Bewegung die Welt erforschen und kennenlernen.

»THE BODY IS THE BRAIN'S FIRST TEACHER«

Dr. Richard Bailey beschäftigte sich 2014 mit der Frage: Welche Beziehung besteht zwischen physischer Aktivität und dem Erziehungs- und Lernerfolg? Er beschrieb unter anderem ein Experiment, das bereits in den 1950ern in Vanves, einem kleinen Distrikt von Paris, mit einer Gruppe Zehnjähriger durchgeführt wurde. Das Forschungsteam reduzierte die regulären Unterrichtsstunden der Forschungsgruppe drastisch um fünfzehn Stunden in der Woche. Sprachunterricht, Mathematik und Gesellschaftswissenschaften wurden durch Aktivitäten wie Turnen, Schwimmen oder Wandern ersetzt, während in der Kontrollgruppe nach gängigem Stundenplan verfahren wurde. Ob diese Form der Studie heute überhaupt noch genehmigt würde, bezweifle ich ebenso wie Richard Bailey. Heute gehen solchen Versuchsreihen aufwendige Genehmigungsverfahren voraus. Auch alle Eltern müssten einverstanden sein. Trotzdem ließ sich eine Gruppe von Lehrern damals auf dieses Experiment ein: Jeden Morgen und jeden Nachmittag war die Hälfte aller Probandenkinder beschäftigt mit Laufen, Rennen, Schwimmen und Spielen, während die Kontrollgruppe nur zwei Sportstunden pro Woche hatte. Die Resultate waren bemerkenswert: Obwohl ein Viertel des Standard-Unterrichts verloren ging, schnitten die Schüler in ihren Abschlussprüfungen nicht schlechter ab, in einigen sogar noch besser. Beeindruckender noch ist, dass die Lehrpersonen über geringere Disziplinprobleme, eine größere Aufmerksamkeit und weniger Fehlzeiten zu berichten hatten als ihre Kollegen. Störfaktoren, die heute fast ausschließlich Jungs zugeschrieben werden, konnten durch ein Mehrangebot an Bewegung relativiert werden. Da die Probandengruppe zu klein war, um wissenschaftlichen Standards gerecht zu werden, fand sie in den gängigen Wissenschaftsjournalen keine Beachtung. Spannend sind die Ergebnisse jedoch allemal.

Interessant ist auch ein weiteres Studienergebnis von Dr. Woll. Es zeigt, dass besonders die Jungen alles geben, wenn sie sich bewegen dürfen: 40 Prozent der Jungen, die im Verein Sport treiben, gaben an, sich dort stark anzustrengen. Das waren doppelt so viele wie bei den Mädchen: Jungen haben im Durchschnitt ein stärkeres Bedürfnis, sich auszupowern, als Mädchen.

BLITZLICHTER AUS DEM SPORTUNTERRICHT EINER GRUNDSCHULE:

Die Lehrerin einer 1. Klasse lässt vier Langbänke in den Raum stellen: »Das sind unsere Flughäfen.« Sie fordert die Kinder auf, beim Einspielen flotter Musik wie Flugzeuge durch den Raum zu fliegen. Wenn die Musik stoppt, suchen sich alle »Flugzeuge« einen Flughafen. Die Musik beginnt. Acht von zehn Mädchen hören sich in den Rhythmus ein und hüpfen im Takt mit ausgebreiteten Armen durch den Raum. Die anderen beiden Mädchen schließen sich den Jungen an. Neun von zehn Jungen warten die Musik gar nicht ab: Mit lautem Motorengeräusch sausen sie los. Ein Junge kommt außer Atem bei der Lehrerin vorbei: »Schau mal, ich bin ein Düsenjet! Wmmm!« Weg ist er. Ein anderer ruft: »Ich bin ein Helikopter. Der kann genauer landen!« Die Lehrerin wundert sich, dass die Jungen überhaupt hinhören, wenn sie die Musik ausschaltet. Zack, sitzen sie auf den Bänken. Ganz klar: Für die Mehrheit der Jungen steht der »Bewegungsauftrag« bzw. die Möglichkeit, sich zu bewegen, im Vordergrund. Die meisten Mädchen zeigen zwar Multitasking-Qualitäten, indem sie Musik *und* die Spielvorgabe beachten, doch sie kommen der Hauptaufgabe nicht fokussiert nach.

Die Kinder einer 4. Klasse erproben ihre Möglichkeiten zum Thema »Akrobatik«. Das Ziel ist es, aus den Ideen ein Programm für die Jahresabschlussfeier zusammenzustellen. In keiner Phase der Stunde ist Stillstand. Jedoch sind die Bewegungsqualitäten sehr verschieden. Eine Mädchengruppe entscheidet sich für Gymnastikbänder. Sie wollen eine Tanzakrobatikvorführung gestalten. Drei weitere Mädchen entscheiden sich für ein Balancierbrett und Hula Hoop-Reifen. Zwei Mädchen und ein Junge versuchen sich auf dem Einrad. Eine weitere gemischte Gruppe wählt skipping ropes aus. Acht (!) Jungen bauen eine Sprungarena mit Minitrampolin, Weichgummihindernissen und dicken Matten auf. Von Sprung zu Sprung werden sie mutiger und ihr Aufbau waghalsiger, der Anlauf weiter und schneller. Die Lehrerin ist gefragt, für Sicherheit zu sorgen. Und vier Jungs erproben ein »Stunttraining« mit dem Cityroller: sie wollen noch höher, noch weiter – wehe, jemand stellt sich ihnen in den Weg!

Am Ende der Unterrichtstunden sind alle Kinder gleichermaßen zufrieden, nur unterschiedlich nassgeschwitzt.

Die Beispiele zeigen, dass angemessene Bewegungsangebote großen Einfluss auf Wohlbefinden und Zufriedenheit von Jungen haben. Nach der Sportstunde gab es weder Konflikte zu schlichten, noch fiel ein Junge aufgrund unangepassten Verhaltens im Unterricht auf. Allen gelang es, den Schalter umzukippen und sich auf die nächste Mathematikstunde einzulassen.

Neurologische Untersuchungen belegen tatsächlich, dass Bewegung die Gehirnleistung signifikant steigern kann. Körperliche Aktivität beeinflusst lebenslang positiv die kognitiven Hirnfunktionen. Jede aktive Pause unterstützt den Erhalt der Konzentrationsfähigkeit und damit der ungestörten Lernbereitschaft. Eine weitere Studie von Dr. Bös und Dr. Woll des Sportinstituts Karlsruhe belegte, dass durch tägliche Bewegungszeiten die beobachtbare Aggression auf dem Pausenhof um 47 Prozent sank! Was in Vanves vor sechzig Jahren bereits herausgefunden wurde, findet durch heutige umfangreiche, professionell durchgeführte Studien endlich Bestätigung.

WAS DIE ALTEN GRIECHEN UND RÖMER SCHON WUSSTEN

Weshalb gab es in der Antike bereits sogenannte »Wandelgänge«? Ganz einfach: Auch die Griechen und Römer hielt es nicht auf ihren Stühlen. Sie wandelten beim Rekapitulieren von Gelesenem durch die Gänge, anstatt brav auf einem Stuhl zu sitzen, weil sie sich die gelesenen Fakten auf diese Weise besser einprägen konnten, denn in einem bewegten Körper steckt ein bewegter Geist. Das war vor 2000 Jahren so. Das ist auch heute so.

Trotz dieses Wissens sitzen wir und unsere Kinder mehr denn je. »Deutschland bleibt zu lange sitzen«, klagen Experten der Deutschen Krankenversicherung in ihrem Gesundheitsreport: am Schreibtisch, beim Online-Shoppen und vor allem vor dem Fernseher. »Das dauerhafte Sitzen hat weitreichende Folgen für den Fett- und Blutzuckerwechsel und macht die Menschen krank – chronische Krankheiten und Krebs sind die Folge«, sagt der DKV-Vorstand Clemens Muth. Bewegungsmangel gilt als das größte Gesundheitsrisiko. Die Deutschen sind »ein Volk der Sitzenbleiber« geworden. Und unsere Jüngsten sitzen gleich mit: Von der Schulbank vor den Bildschirm und vor dem Schlafengehen noch eine Runde an die Spielekonsole oder ins Internet. »Das schadet dem Biosystem Mensch, der evolutionär für Bewegung konstruiert ist.«

STUNDENLANGES SITZEN SCHADET DEM MENSCHEN. ER IST EVOLUTIONÄR AUF BEWEGUNG PROGRAMMIERT.

Es ist also kein Wunder, dass Kinder Übergewicht haben und häufig mit Kopf-, Rücken-, oder Bauchschmerzen kämpfen. Wir lassen zu, dass bereits Kinder sich mit Zivilisationskrankheiten herumschlagen wie die Erwachsenen. Eine große Zahl von Kindern hat schon gelernt, mit dem Missstand umzugehen. Sie schauen ihr Verhalten beim Vorbild der Erwachsenen ab und erkennen die Vorzüge von Bequemlichkeit und Lethargie: Man muss sich nicht anstrengen. Das kann doch sehr gemütlich sein. Mir bereitet diese Haltung grundsätzlich große Sorgen: Mangelnde Anstrengungsbereitschaft führt zu geringer Leistungsbereitschaft. Das zeigt sich nicht nur in der Abnahme der sportlichen Aktivität. Es ist auch Ausdruck einer Persönlichkeitshaltung, die sich im Beruf und öffentlichen Leben widerspiegelt: Zurückgehendes Engagement im öffentlichen Leben und ein Mangel an Bereitschaft, sich persönlich weiterzubilden oder sich für andere einzusetzen.

Es gibt aber auch ein anderes Phänomen: die kleinen Rebellen, die durch das mangelnde Bewegungsangebot unzufrieden, unkonzentriert und aggressiv werden. Es ist an der Zeit zu prüfen, was wir anders machen können. Wie können wir das häusliche Leben, die Kindergarten- und Schulzeiten ändern, damit unsere Jungen bedürfnisgerecht aufwachsen können?

SO FÜHLEN SICH UNSERE SÖHNE

Kennen Sie dieses rumorende Gefühl der Ungeduld, wenn Sie im Supermarkt am Ende einer langen Schlange an der Kasse stehen und alle bewegen sich im Schneckentempo?

Kennen Sie diese Wut im Bauch, wenn Sie nichts ahnend in einen Stau gefahren sind und sich nichts mehr bewegt? Was macht das mit Ihnen, wenn Sie dazu verdammt sind, still zu halten?

Waren Sie schon einmal bei einer Vernissage eingeladen und die Ansprachen und Lobeshymnen auf den Künstler wollten kein Ende nehmen? Sie klammern sich an Ihr Apéroglas. Ihre Gedanken driften ab, und sie treten von einem Bein auf das andere, inständig hoffend, der Redeschwall möge zu Ende gehen.

Genau so fühlen sich unsere Jungs, wenn sie genötigt werden, eine Stunde lang und mehr still zu sitzen, zuzuhören oder sich bestenfalls feinmotorisch mit dem Füller auf dem Papier zu bewegen. Vermutlich werden sich ihre Gedanken wegbewegen! Der angestrebte Lernprozess bleibt aus.

Nicht weniger problematisch ist es für Jungs, wenn sie stundenlang zu Hause vor der Spielekonsole sitzen, nur die Hände in Bewegung, und in der virtuellen Welt Aggressoren bekämpfen, anstatt selbst durch aktives Handeln Aggressionen abzubauen und zur Ruhe zu kommen.

Es ist höchste Zeit, dass wir uns bewegen – zu Hause und in der Schule. Es muss auch nicht der Sprung ins kalte Wasser sein.

In mehreren Interviews befragte ich acht- bis zehnjährige Jungs, was ihnen bei ihrer Freizeitgestaltung wichtig sei. Bewegung, Sport … und der Papa waren die großen Favoriten:

- »Ich wünsche mir mehr Zeit zum Spielen.«
- »Ich wünsche mir mehr Zeit zum Fußballspielen mit meinen Freunden.«
- »Wir wollen in jeder Pause Fußball spielen.«
- »In den Pausen möchte ich Tischtennis spielen.«
- »Sport ist mein Lieblingsfach.«
- »Ich kann rückwärts die Stange runterrutschen.«
- »Am Klettergerüst probiere ich schwierige Dinge aus.«
- »Ich treffe mich mit meinen Freunden am Basketballkorb.«
- »Spielekonsole spielen ist cool – aber oft fühle ich mich dann so kribbelig im Bauch.«
- »Wenn ich im Unterricht dauernd still sitzen soll, werde ich ganz unruhig. Dann rutsche ich auf dem Stuhl

rum. Ich bin auch schon ein paar Mal umgekippt. Die anderen haben dann immer gelacht.«

- »Am tollsten ist es, wenn mein Vater etwas mit mir unternimmt.«
- »Am Wochenende bin ich wieder bei meinem Papa. Wir hängen dann daheim nur rum. Aber das ist auch okay.«
- »In meiner Freizeit möchte ich mit meinen Freunden draußen spielen.«
- »Wir spielen doch nur Star Wars im Gebüsch – da brauchen wir Platz.«
- »Wenn wir eine Radtour machen, fährt mein Papa voraus. Mama passt auf, dass ich nicht Vollgas fahre. – Aber ich tu es trotzdem.«
- »Als es im Winter geschneit hat, sind wir sofort raus. Dann haben wir uns in den Schnee geschmissen. Das war herrlich. Wir sind erst wieder rein, als wir völlig verfrorene Hände und Füße hatten.«
- »Ich helfe dem Papa beim Schneeräumen.«
- »Wenn wir im Sommer ans Meer fahren, bin ich die ganze Zeit im Wasser. Ich habe sogar ein Schlauchboot.«
- »Ich trau mich schon vom Dreimeterbrett zu springen.«
- »Im Kindergarten hatten wir Waldtage. Wir waren die ganze Zeit draußen und haben ein tolles Lager gebaut. Das waren die schönsten Tage im Kindergarten.«
- »Das Schönste in diesem Schuljahr waren die Projekttage. Wir sind drei Tage lang gewandert – und ich habe viel gelernt!«

Jungs wissen, was sie wollen. Sie wissen, was sie brauchen.

Genau betrachtet verlangen sie nichts Außergewöhnliches: etwas Freiraum, viel Bewegung und bei Bedarf Anleitung und Begleitung durch einen Erwachsenen, dem sie jederzeit folgen.

Die gute Neuigkeit ist, dass Eltern und Erziehende die Möglichkeit haben, den Trend des Bewegungsschwunds zu durchbrechen. Die beste Lösung ist die einfachste: Bewegen Sie sich öfter mit Ihren Kindern! Ball- und Bewegungsspiele im Freien, Spaziergänge nach dem Abendessen, Fahrrad fahren, ein Ausflug an die Tischtennisplatte auf dem Spielplatz – das alles sind großartige und motivierende Aktivitäten. Dabei verbessert sich nicht nur die physische Leistungsfähigkeit des Kindes, nein, wir senden auch eine Botschaft: Bewegung ist wichtig. Sie steigert unser Wohnbefinden.

PRAXISTIPPS: WIE MAN JUNGS BEWEGT GLÜCKLICH MACHT

Hier sind mehrere praxiserprobte Hinweise, wie ein ganz normaler Alltag mit ritualisierten Bewegungsangeboten aufgepeppt werden kann – sowohl zu Hause als auch im Schulalltag. Es sind Vorschläge, die auch Mädchen gut und spaßig finden!

Jungs bewegt glücklich zu machen ist nicht schwer. Es braucht ein bisschen Fantasie und die Bereitschaft, sich an seine eigene Kindheit zu erinnern. Was hat uns selbst früher Spaß gemacht? Wir müssen die Perspektive ändern können: Als gestresste und vom Termindruck geplagte Erwachsene verhalten wir uns unseren Kindern gegenüber häufig zu lethargisch.

Stellen Sie sich vor, Sie machen ihrem Sohn oder Ihren Söhnen einen dieser Vorschläge, als wäre das alles ein aufregendes Spiel …

- Zähneputzen am Morgen: Balanciere beim Zähneputzen auf einem Bein. Schließe dabei die Augen. Zähle bis zwanzig, bevor du das Standbein wechselst. Kannst du es auch auf dem linken Bein? Ach ja, aber vergiss die kreisenden Bewegungen deiner Zahnbürste nicht. Mit dieser Übung kommt jedes müde Hirn auf Touren.
- Wie schwer ist dein Schulranzen? Nimm ihn in beide Hände und hebe ihn wie ein Gewichtheber vorne hoch. Kannst du das zehn Mal? Probiere es mit Mama oder Papa um die Wette.

- Suche dir einen Partner zum Wettanziehen. Wer ist schneller: dein Bruder, deine Schwester, dein Papa?
- Kannst du das Frühstücksgeschirr *selbst* in die Spülmaschine räumen?
  (Überhaupt ist »Haushalts-Sharing« für Kinder keine Strafe. Sie machen es gerne, weil die Verantwortung ihr Selbstbewusstsein stärkt. Tragen sie den Waschkorb mit Ihrem Sohn oder Ihrer Tochter gemeinsam von der Waschküche zu den Schränken.) Der Kofferraum Ihres Autos ist gefüllt mit Taschen voller Lebensmittel? Dann mal ran, Jungs! Gewichte tragen ist gut für die Muskeln. Oder abstauben und Staub saugen – das bedeutet klettern, strecken, bücken, krabbeln. Deine Jacke bekommt den Platz am obersten Garderobenhaken. Da braucht es schon einen Stuhl zum Hochklettern, um die Jacke wieder herunterzuholen.
- Läufst du mit Freunden zu Fuß in die Schule oder in den Kindergarten? Wunderbar! Was gibt es auf dem Weg nicht alles zu entdecken! Bei Regen oder Schnee ist es besonders schön: In Pfützen hüpfen, im knirschenden Schnee stapfen ... Und bei Sonnenschein kitzelt die Wärme auf der Nase.

Begleiten Sie Ihren Sohn in die Schule? Warum sollten Sie den Schulweg nicht spielend nutzen?

- Ich sehe etwas, das du nicht siehst, und das ist grün. (Der Busch, der Baum, der Fensterladen oder das Polizeiauto?)
- Autonummernraten (KN – M 214 = 2+1+4 = 7) – Man könnte aber auch das kleine Einmaleins dabei üben ...

- Automodelleraten oder »Wer sieht heute die meisten Porsche?«
- Wer schafft es, die Fugen im Gehweg zu umgehen? – Oder: Wer kann am besten auf den Fugen balancieren?

TIPPS FÜR ALLE BESORGTEN ELTERN

Verkürzen Sie die Wegbegleitung von Tag zu Tag, dann muss Ihr Sohn nicht jedes Abenteuer wissentlich mit Ihnen teilen. Und er darf Steinchen sammeln, bis beide Hosentaschen platzen!

Interessante Aufgaben gibt es zusätzlich für ihn, wenn er den Weg allein zurücklegt. Man kann unterwegs, wie gesagt, faszinierende Dinge sammeln.

»Bringst du mir den schönsten Kieselstein mit?« Damit zeigen Sie ihm, dass er sich für seine Interessen nicht schämen muss.

Oder wünschen Sie sich zur Abwechslung einfach mal ein Gänseblümchen für die Vase im Wohnzimmer. (Aber bitte nicht die Tulpe aus Nachbars Garten!)

In der Schule angekommen, entzieht sich der Sohn dem Einflussbereich seiner Eltern. Nun sind die Lehrer gefragt!

MOVE TO LEARN – BEWEGUNGSORIENTIERTE SCHULEN

Wie eng physische Aktivität mit Lernerfolg verknüpft ist, beweisen – wie mehrfach erwähnt – eine Vielzahl von

Studien. Und es gibt für den Schultag viele Ideen, um ihn bewegt zu bereichern.

Häufig sind die Kinder zu früh auf dem Pausenhof. Sie stehen traurig oder gelangweilt herum. Wenn Softbälle und andere Spielgeräte bereitliegen, ist das Warten nur halb so langweilig. Ein Ball hat einen unbeschreiblichen Aufforderungscharakter. Er wird am liebsten mit dem Fuß getreten. Jungs sind unglaublich fantasievoll, wenn es darum geht, ein Spielfeld festzulegen. Vier Schulranzen sind vier stabile Torpfosten. Alles andere ergibt sich von selbst.

Bewegungsrituale unterstützen den Unterrichtsbeginn: Wir singen ein Begrüßungslied mit Bewegung, klatschen einen Reim oder rappen einen Song.

Anstatt eines Austeildienstes für Arbeitsblätter gibt es eine Theke, wo die Kinder ihr Material selber abholen können. Die Lernplätze lassen sich unterschiedlich gestalten: Stehpulte, Lernteppiche oder die bereits erwähnten Sitzbälle sorgen für Abwechslung. Anstatt immer nur Stuhlkreise zu bilden, kann man auch gemütlich auf dem Boden sitzen.

Lerntheken und Lernzirkel wechseln sich mit konzentrierten ruhigen Arbeits- oder Inputphasen geplant *regelmäßig* ab.

Wir machen Lernpfade im Schulhaus: Die Kinder beschaffen sich ihre Informationen zu Sachverhalten an Infotafeln, die im Klassenzimmer oder sogar im Schulhaus verteilt sind.

Wir schreiben Schleichdiktate, das heißt, die Texte hängen in Abschnitten an der Wand und werden leise dort gelesen und am Schreibplatz aufgeschrieben. Das funktioniert auch mit Matheaufgaben.

Koordinative Übungen werden *täglich* und ritualisiert eingebaut: Wir malen eine liegende Acht in die Luft – mit der Hand, mit der Nase, mit dem Knie. Wir malen Buchstaben oder Zahlen in die Luft und lassen sie erraten; das funktioniert auch mit ganzen Wörtern oder kleinen Matheaufgaben.

Nahezu jede physische Anstrengung kann gemessen werden: Wie weit kannst du springen oder hüpfen? Wie schnell kannst du rennen? Wie viel bist du heute schneller als gestern? Wie hoch springst du? Wie oft kannst du das Seil beim Seilspringen durchschlagen, ohne hängen zu bleiben? Wie oft schafft es der Box-Champion auf dem Videotape? Wer schafft mehr?

Papierabfall wird geknüllt und in einen Papiermülleimer gezielt geworfen, der in der Mitte des Raumes steht.

Wer kann sein Mäppchen mit der linken Hand einräumen?

Wer packt seine Schultasche am leisesten ein und wird unser Mr. Silentium?

Wer kann sein Buch mit den Füßen (Schuhe bitte vorher ausziehen) aus der Tasche holen?

Bewegungsspiele, die im Unterricht eingebaut werden, rhythmisieren die Unterrichtstunde. Phasen der Anspannung wie auch der Entspannung gehören zum Programm.

Kognitive Lernprozesse werden gefördert. Leider denkt man bei Kognition zu schnell an »Erkenntnisfähigkeit« bzw. Gedankenarbeit. Kognitive Prozesse haben zwar tatsächlich so etwas wie Erkenntnis zum Ziel, doch wir dürfen nicht vergessen, dass auch die Sinneswahrnehmung zu Erkenntnisprozessen führt. Erkennen erfolgt nicht allein durch Bücherstudium oder Frontalunterricht.

Hier sind einige Beispiele für kognitive Lernprozesse, die in der Pädagogik als Spiele verkauft werden können und auch von den Kindern als solche angenommen werden:

- »Laufstegtraining«: Wer kann mit einem Buch auf dem Kopf durch den Raum gehen? Wer kann dabei über den Stuhl klettern?
- »Chinesischer Knödeltransport«: Auf dem Tisch liegen kleine Papierbälle. Ein Kind nimmt den Ball mithilfe seiner »Stäbchen« (Bleistifte) auf und gibt ihn an das nächste Kind, das ebenfalls zwei Bleistifte als Stäbchen benutzt, weiter. Das letzte Kind in der Reihe befördert ihn zum Papierkorb.

Wir bauen taktile und auditive Übungen ein. Ein einfaches Beispiel ist:

- »Blindenführung«: Ein Kind schließt die Augen. Es umfasst ein Ende des Lineals. Der Partner führt das Kind mithilfe des Lineals durch den Raum, ohne dass es irgendwo anstößt.
- »Rückentafel«: Kinder malen sich gegenseitig Buchstaben, Zahlen oder Motive auf den Rücken, um sie zu erraten.
- »Touch me«: Ein Kind schließt die Augen. Der Partner berührt mit einem Chiffontuch ein Körperteil, das das andere Kind benennt. (Wem das auf Deutsch zu langweilig ist, probiert es auf Englisch.)
- »Mathe Flüsterpost«: »Ich wette mit euch, dass ihr es nicht schafft, mit weniger als zwei Fehlern die 6er-Reihe im Kreis weiterzuflüstern. Mein Wetteinsatz: Wenn ihr es dennoch schafft, gibt es heute keine Hausaufgaben.« Mit diesem Wetteinsatz spielt die Lehrkraft ge-

gen das Klassenteam, das jetzt natürlich wie Pech und Schwefel zusammenhält.

- »Bewegungsparcour«: Im Bewegungsraum ist ein Parcour aus Kletter-, Balancier- und Kriechübungen aufgebaut. Zwischen den verschiedenen Bewegungsaufgaben befinden sich Plakate mit Rechtschreib- oder Leseübungen. Wer seine Aufgabe gelöst hat, turnt weiter zur nächsten.

Wir gehen raus aus dem Klassenzimmer und machen Lerngänge: auf der Wiese, am Bach, auf der Burg, beim Bäcker, im Rathaus. Es gibt so viele Ziele, wo Kinder Informationen aus erster Hand erhalten, selbst erforschen und ausprobieren können. Der Wissenserwerb ist auf diese Weise sehr viel nachhaltiger.

Der Schultag ist konsequent rhythmisiert durch feste Bewegungspausen im Freien. Dort stehen robuste Spielgeräte oder eine Kletterlandschaft bereit.

Täglich eine Runde um den Schulhof zu laufen, muss nicht langweilig sein. Auch können die Kinder auswählen: ein Rennauto läuft fünf Runden, ein Lastwagen läuft drei Runden.

ZU HAUSE GEHT ES WEITER!

Die Schule ist zu Ende. Und zu Hause warten noch viele weitere bewegende Aufgaben auf die nimmermüden Jungs:

Kinder decken selbst den Mittags- oder Abendbrottisch und helfen beim Abräumen. Wie gesagt, ist die

Mithilfe von Kindern im Haushalt eine hervorragende Chance, um gemeinsame kostbare Zeit sinnvoll und mit Körpereinsatz zu nutzen.

Immer mehr Privathaushalte nutzen neben der bequemen Zentralheizung wieder Holzfeuerung. Holz klein hacken oder stapeln – das verlangt Kraft und Geschick. Unsere Jungs sind nicht aus Watte – bei etwas Sinnvollem mitzuhelfen, macht sie stolz und stärkt ihr Selbstvertrauen.

Entdecken Sie zusammen mit anderen Kindern das Kind in sich: Zusammen mit Ihrem Sprössling lässt sich ein »Nachbarschafts-Fitnessparcours« kreieren. Sie legen einen Weg durch die Nachbarschaft fest und nutzen alle angebotenen natürlichen »Sportgeräte«: die Treppe zum Hüpfen und Springen, das Geländer zum Durchkriechen, Überspringen oder Balancieren, die Steinmauer zum Überklettern, den Randstein zum Balancieren, den Grashügel zum Runterrollen oder den Baum zum Klettern. Ihrer Fantasie sind keine Grenzen gesetzt.

Inzwischen hat sich der Trend, den urbanen Raum auf den eigenen zwei Beinen zu erfahren, zu einer eigenen Sportart entwickelt: Die sogenannte Parally – eine Mischung aus Parcours und Rallye – ist vor allem bei männlichen Jugendlichen stark im Kommen.

Selbst ein kleiner Spaziergang ums Wohnviertel bei einbrechender Dämmerung kann spannend sein und hilft beim Einschlafen.

Wenn es regnet, lässt sich der Hindernislauf auch zu Hause aufbauen: Kissen, Stühle, Teppiche, kleine und große Spielsachen, Boxen oder kleine Schränkchen können überwunden oder untertunnelt werden.

Natürlich verlangt niemand von Ihnen, jeden Abend die Wohnung auf den Kopf zu stellen. Aber regelmäßige, ritualisierte Phasen ein- bis zweimal pro Woche zu einer bestimmten Zeit (für etwa eine halbe Stunde) sind gewiss durchführbar. – Ach ja, und nach gelungenem Spiel sollte eine abschließende Umarmung oder ein »Give-me-five« nicht fehlen!

MUSIK? VON WEGEN MÄDCHENKRAM ...

»Tanzen und Musik« ist tatsächlich auch ein Thema für Jungen! Das Thema ist alles andere als »Mädchenkram«. Eltern und Pädagogen sollten Musik bei der Erziehung von Jungen bewusst einsetzen. Auf die richtige Musikauswahl kommt es an. Es gibt wunderbare Musik von Kinderliedermachern, die bewusst »in die Beine« geht. Viele Jungs haben auch große Freude daran, Musikinstrumente einzusetzen: Trommeln, Bongos oder ein Tamburin sind sehr beliebt und einfach in der Handhabung.

Mit ein bisschen Fantasie und methodischem Geschick kann auch der ganz normale Alltag für Jungs zur Erfolgsgeschichte werden.

Informiert man sich übrigens über Unterstützungsmaßnahmen für ADHS-Kinder oder Kinder mit Lese-Rechtschreibproblemen, stolpert man oftmals über dieselben Ratschläge (mehr dazu in Kapitel 11).

Bewegung wirkt sich grundsätzlich auf das Wohlbefinden, Denken, Lernen und die Merkfähigkeit aus. Die Natur hat es so eingerichtet, dass die körperliche und geistige Entwicklung voneinander abhängig sind. Je mehr das

Kind sich bewegt, desto mehr wird das Gehirn stimuliert und in seiner Entwicklung angeregt. Das gilt natürlich für Jungen wie für Mädchen, doch Jungen fordern uns in dieser Hinsicht mehr. Sie gehen uns mit ihrem Bewegungsdrang gelegentlich auf die Nerven. Schlimmer aber ist es für sie, ihren Bewegungsdrang unterdrücken zu müssen.

Weshalb ist das so? Mithilfe verschiedener wissenschaftlicher Studien versuchte ich die Antworten darauf zu finden.

5. ZWISCHEN BAUCHGEFÜHL UND WISSENSCHAFT

- WARUM ES IMMER MEHRERE WAHRHEITEN GIBT
- WARUM ERFAHRUNGEN MANCHMAL NÜTZLICHER SIND ALS STUDIEN
- WARUM EIN BILD AUS UNTERSCHIEDLICHEN PERSPEKTIVEN UND OBJEKTIV BETRACHTET EIN SINNVOLLES GANZES ERGIBT

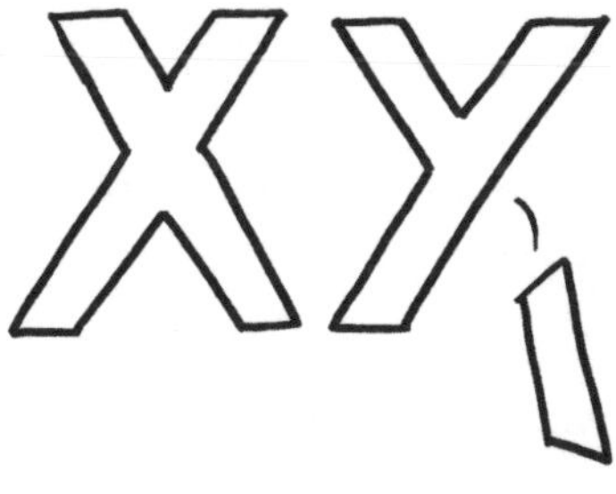

Im *Magazin*, der Zeitschrift der Universität Zürich, habe ich im Dezember 2013 einige aufschlussreiche Zitate entdeckt:

Der Hortner (Erzieher): »Jungs sind physischer als Mädchen. Im Hort wollen sie mit mir kämpfen und sich mit mir messen. Vor allem die größeren Mädchen sind da distanzierter. Sie gehen lieber zu meinen Kolleginnen.«
Die Fußballerin: »Mädchen können besser verlieren als Buben, zumindest im Fußball. Wenn die Buben verlieren, weinen sie manchmal. Wir sind da gelassener.«
Die Boxerin: »Boxen verlangt Killerinstinkt. Frauen haben am Anfang mehr Mühe mit dem Zuschlagen als Männer – aber das ändert sich.«
Der Florist: »Die Männer sind kreativer, probieren Neues aus, haben gerne große Gesten. Die Frauen machen liebevollere Sträuße und widmen sich stärker dem Detail. Das macht Männer eher nervös.«

JUNGEN UND MÄDCHEN – WO IST DER KLEINE UNTERSCHIED?

Am Anfang war da die naive Grundhaltung einer jungen Pädagogin: Alle Kinder sind gleich! Darin kam stets eher ein pädagogisches Ideal als eine realistische Einschätzung der Tatsachen zum Ausdruck. Viele Jahre voller neugieriger Beobachtung und Wahrnehmung in meiner pädagogischen Praxis haben mich eines Besseren belehrt. Kinder reagieren unterschiedlich auf das Verhalten eines Erziehers. Je nachdem, wie ich früher eine pädagogische

Situation meisterte, blieben gute oder weniger gute Gefühle zurück – sowohl bei mir als auch bei den Schülern. Die Genderproblematik war zu diesem Zeitpunkt noch kein Thema. Vielmehr ging es darum, individuell auf die verschiedenen Kinder einzugehen: Dieses Kind dort braucht besondere Bestätigung und Unterstützung, ein anderes Kind ist selbstständiger und kommt alleine zurecht. Hier ist Zuwendung, dort Strenge angesagt. Hier begeistert Musik, dort der Ball …

Aus der Erfahrung heraus formulierte ich pädagogische Fragen: Welche pädagogischen Maßnahmen passen zu einem Kind in der jeweiligen Situation? Was hat sich in der Erziehung bei meinen eigenen Kindern bewährt? So unterschiedlich die Situationen und so individuell die Charaktereigenschaften der Kinder auch waren, so verschieden waren auch die methodischen Ansätze.

Sobald ich in der Schule an meine Grenzen kam, fragte ich Kollegen, meinen Partner, die Fachliteratur oder besonders kluge Medien um Rat. Ich probierte viele Ansätze aus. Für gut konnte ich solche Ansätze befinden, durch die sich die schulische Leistung von Schülern verbesserte und durch welche sich die Lernatmosphäre zum Besseren wandelte. Auch ein simples Kindergrinsen konnte der erste Schritt in die richtige Richtung sein. Kinder, die nicht den Eindruck haben, unter Lern- und Selbstbeherrschungszwang zu stehen, lernen mit Vergnügen. Vergnügte Kinder lernen im Endeffekt besser. Das leuchtete mir immer mehr ein. Das war sozusagen meine grundsätzliche Hypothese. Natürlich musste ich noch herausfinden, wie man als Lehrer solche Effekte erzielt, ohne sich zu sehr auf einzelne Kinder zu fixieren. Denn es musste ja die ganze Klasse etwas davon haben. Es bot sich hier an, die Geschlechterunterschiede für sich nutzbar zu machen. Dafür musste ich aber bereit sein, die Unterschiede nicht länger herunterzuspielen. Doch bevor ich so weit war, ein »fußballdidaktisches Erziehungsprinzip« zu formulieren, war ich ganz Ohr für die Stimmen der anderen.

ES GIBT NICHT DIE EINE WAHRHEIT

In einem Artikel der *Welt* beschäftigte sich Frau Christiane Löll im Juni 2012 mit der Frage: »Wie groß ist eigentlich der kleine Unterschied?« Es wurde die Frage aufgeworfen, inwieweit Gene, Hormone oder Erziehung das Verhalten von Jungen und Mädchen beeinflussen. Zitiert wurde eine alles andere als klare, eher widersprüchlich zu nennende These der Neurowissenschaftlerin Lise Eliot: »Ja, es gibt Unterschiede im Gehirn, aber die Unterschiede sind gering und das kindliche Gehirn so formbar, das die geschlechtsspezifischen Stereotypen erst im Umfeld geprägt werden.« Ein starkes Stück! Es gibt demnach kleine *neurologische* Unterschiede, die nicht so eine große Rolle spielen würden wie die Erziehung. Wer bestimmt überhaupt, was ein kleiner neurologischer Unterschied ist? Hören wir nicht auch immer wieder, dass sich die DNA von Schimpansen und Menschen nur um fünf Prozent unterscheidet? Kann es sein, dass diese fünf Prozent – auch ein *kleiner Unterschied* – sich mittlerweile als entscheidend herausgestellt haben? Kann es sein, dass wir das fehlende Füßchen beim X-Chromosom, wodurch ein Y-Chromosom entsteht, ernst nehmen müssen? Warum sollten wir Jungen bei der Erziehung so »formen«, dass die neurologischen Unterschiede ins kaum Merkliche schwinden? Aus schlechtem Gewissen gegenüber dem unterdrückten Geschlecht? Weil Frauen endlich am Drücker sein müssen? Können wir es uns leisten, die Hälfte der Menschheit mehrere Generationen lang wider ihre natürlichen Anlagen zu erziehen? Wenn ich an Hooligans, Rechtsradikale und Dschihadisten denke, komme ich zu dem Schluss, dass die Leugnung der Geschlechterunterschiede schädlich für jede Gesellschaft ist.

Ist Hirn eine Knetmasse, die man nach Belieben quetschen und drücken kann? Bilden wir uns ein, dass unsere Kinder maschinenartig das Verhaltensschema ausspucken, das wir als Input hineinquetschen? Wenn das mal kein Wunschdenken ist! Hat nicht Frau Eliot selbst zugegeben, dass wir von unterschiedlichen natürlichen Anlagen ausgehen müssen? Müssen wir nicht zu dem Schluss kommen, dass Prägung und Erziehung beiderseits eine Rolle spielen? Warum sollten wir überhaupt einem Kind etwas »aberziehen« wollen? Ist es nicht besser, einem Kind zu erlauben, seine Möglichkeiten überhaupt erst einmal zu erfahren, bevor man diverse Türen vor dessen Nase zuschlägt?

KINDER SPUCKEN NICHT WIE MASCHINEN DAS VERHALTEN AUS, DAS WIR IHNEN ALS INPUT VORGEBEN.

Im selben Artikel befasst sich die Erziehungswissenschaftlerin Frau Prof. Faulstich-Wieland von der Universität Hamburg mit der Frage der Identitätsbildung: »Kinder wollen eine Zugehörigkeit. Das Geschlecht gehört in unserer Gesellschaft zu den Merkmalen, die identitätsbildend sind. Es ist für uns alle irritierend, wenn wir nicht wissen, ob wir Mann oder Frau vor uns haben« Laut Beate Proll vom Landesinstitut für Lehrerbildung und Schulentwicklung sei es aber durchaus »in Ordnung, wenn sich Kinder in klassischen Erfahrungsräumen aufhalten, solange man ihnen auch andere vielfältige Angebote macht«. Solche Aussagen sind erfreulich: Eine klare Antwort auf die Geschlechterfrage ist gut für unsere Kinder, denn sie schafft Stabilität statt Identitätsverwirrung.

Ich muss eine Sache klarstellen: Ich habe keineswegs die Absicht, überholte Geschlechterrollen wieder einzuführen. Wir können mit einem offenen Angebot an Spiel-, Freizeit- und Lernangeboten unseren Kindern bei der Identitätsfindung helfen – ohne sie auf die eine oder andere Geschlechterrolle festzulegen. Aber auf die natürlichen Anlagen zu achten und diese praktisch zu nutzen, sobald Bedarf besteht – etwa wenn ein Junge an einem Ball oder Bagger-Quartettspiel Interesse zeigt –, ist alles andere als verkehrt. Wie absurd ist im Vergleich das Verhalten der Eltern, die das Geschlecht ihres Kindes so lange wie möglich nicht verraten, damit es weitgehend frei bleibt von Beeinflussungen durch die Umwelt!

WER KINDER BEI DER IDENTITÄTSFINDUNG HELFEN WILL, DARF GESCHLECHTERROLLEN NICHT IGNORIEREN.

Kindertagesstätten, die »richtig ticken«, stellen nicht ohne Grund Bauecke und Puppenecke für alle Kinder bereit. Warum aber tummeln sich vorzugsweise männliche kleine Baumeister in der Bauecke? Warum ist die Zahl der Puppenmütter stets größer ist als die Zahl der Puppenväter? Soll dieses Verhalten nur anerzogen sein?

TESTOSTERON – DAS HORMON, DAS JUNGS MÄNNER WERDEN LÄSST

In seinem 2009 erschienenen Buch »Männer. Das schwache Geschlecht und sein Gehirn« schreibt der Hirnforscher Gerald Hüther: »In Gruppen neigen Männer stärker dazu, in Wettstreit zu treten und Dominanzhierarchien auszubilden.« Damit gibt er dem kleinen neurologischen Unterschied mehr Bedeutung als seine Kollegin Lise Eliot. Neurologische Mechanismen sind nämlich hormonell gesteuert. Testosteron nimmt nicht nur Einfluss auf die Physiologie des Menschen, sondern auch auf die psychische Entwicklung. Testosteron ist verantwortlich für die Ausprägung aggressiven Verhaltens und für die Entwicklung von Konkurrenzgefühlen. Beides hilft der Person (dem Jungen), sich zu positionieren – sich durchzusetzen oder sich unterzuordnen. Sexualhormone steuern also entscheidend unser Verhalten mit. Dabei ist der Hormonspiegel der Sexualhormone sowohl in verschiedenen Lebensphasen als auch grundsätzlich unterschiedlich hoch. Was wiederum erklärt, weshalb nicht alle Jungen als »aggressiv« oder »verhaltensauffällig« gelten.

Auch Prof. Dr. Hesch ist vom verhaltenssteuernden Mechanismus des Hormons überzeugt und erklärt es – auch für Laien verständlich – interdisziplinär mit der Hirnforschung. Das Hormon Testosteron beeinflusst bestimmte Regionen im Gehirn bis ins Erwachsenenalter hinein. Hesch benennt diese Region konkret als Mandelkern. Er liegt auf der Innenseite des Schläfenlappens und gilt als Steuerzentrale für Aggressivität und Kampfverhalten. Auch das Erinnerungsvermögen für Angst wird an dieser Stelle abgelegt. Die neuropsychologische Forschung hat aufgrund ihrer Untersuchungen die These aufgestellt, dass es im männlichen Gehirn Regionen gibt, die vom Y-Chromosom codiert werden und in denen »Gewaltinformationen« empfangen und später umgesetzt werden können. Inwieweit sich aggressives Verhalten herausbilden kann, hängt von zwei »Stellgliedern« ab: Zum einen sind es die emotionalen, kognitiven und sensorischen Informationen der Umwelt, auf der anderen Seite sind es im Körper vorhandene Stoffe: die Androgene. Testosteron ist dieses androgene Hormon des Mannes. Neurologen und Biologen sind überzeugt: Es fördert die Kampfeslust, macht risikobereiter, wettkampforientierter und schärft die Wahrnehmung.

Frau Prof. Ulrike Ehlert, Psychologin der Universität Zürich, schreibt hierzu im *Universitäts Journal Zürich*: »Es gibt Unterschiede, und unsere Forschung zeigt, dass sich diese Unterschiede ein Stück weit mit dem Funktionieren der Sexualhormone erklären lassen.«

Doch es gibt guten Grund, an dieser Stelle vor unüberlegten Schlussfolgerungen zu warnen: »Dass Erbanlagen nicht allein über Körper und Geist eines Menschen entscheiden«, macht der Freiburger Mediziner J. Bauer deutlich. Ihm zufolge sind Gene weder Diktatoren noch autistische Eigenbrötler. Sie empfangen Signale aus der Umwelt und reagieren auf sie. Sie steuern und sie werden gesteuert.« Dass die beiden Faktoren Gene und Umwelteinflüsse sich gegenseitig bedingen, ist einleuchtend. Wenn die Entwicklung eines Kindes durch die ständige Wechselwirkung der genetischen und soziologischen

Bedingungen gesteuert wird, so ist es doch ungeheuer schwierig herauszufinden, welcher Einflussfaktor gerade überwiegt.

EXTREME SIND MÄNNERSACHE

Äußerst interessant im Zusammenhang mit dem »kleinen Unterschied« sind die Erkenntnisse der Psychologin Helena Cronin von der London School of Economics. Helena Cronin stützt sich auf die Evolutionstheorie von Charles Darwin. Das Verhalten von Menschen ist ihr zufolge zwar genetisch vorbestimmt. Das heißt aber nicht, dass Gene sich in einem Vakuum entwickeln. Das Gehirn wird von den Einflüssen der Umwelt andauernd entscheidend mitgeprägt. »We are made with inbuilt behavioural dispositions, not rigid behavior«, sagt Cronin. »And those dispositions are very, very environmentally sensitive.« Wir bringen also Voraussetzungen mit, doch diese sind sehr von der Außenwelt beeinflussbar. Diese These wird meines Erachtens der Wichtigkeit der beiden großen Einflussfaktoren gerecht.

Ein Arbeitsergebnis ist besonders aufschlussreich: Eine Mehrzahl von Männern weist im rationalen, eine Mehrzahl von Frauen hingegen im emotionalen Bereich der Intelligenz besondere Stärken auf. Das ist uns nicht wirklich neu. Es geht aber noch weiter: Die Werte der einzelnen Frauen liegen nicht so weit auseinander wie die der Männer. Man kann sagen, dass die Intelligenzwerte der Frauen dazu tendieren, sich eher dem Durchschnittswert als extremen Werten anzunähern. Bei Männern gibt es mehr extrem hohe, aber auch mehr extrem niedrige Werte. Cronin hierzu: »Die Fähigkeiten und Eigenarten von Frauen pendeln sich eher um den Mittelwert herum ein, ähnlich wie bei der Körpergröße bei beiden Geschlechtern. Im Durchschnitt sind Männer keineswegs klüger und geschickter als Frauen. Sie hätten bloß, um es auf Fußballdeutsch zu sagen, ein etwas dünner besetztes Mittelfeld, dafür aber auch mehr Intelligenzbestien und Dummköpfe in ihren Reihen.«

Die Neigung zum Extremen betrifft, wie ich finde, nicht nur die Intelligenz, sondern sie zeigt sich auch in anderen Eigenschaften: Jungen neigen erwiesenermaßen mehr zu extremen Verhaltensweisen als Mädchen. Das gilt für positive wie auch für negative Verhaltensweisen. Daher haben Jungenmütter häufig das Gefühl, ihr Sohn sei außergewöhnlich laut, aggressiv, sportlich oder clever. Wir können also festhalten, dass die Wahrscheinlichkeit hoch ist, mit unseren aktuellen Lehrmethoden eine große Zahl von Mädchen zu erreichen, weil deren Art zu lernen und deren Niveauunterschiede nicht so extrem auseinanderdriften wie bei Jungen. Jungen dagegen verlangen von unserem Unterrichtsangebot eine methodische Differenzierung, die die Niveauunterschiede berücksichtigt. Je weniger wir also methodisch auf die Bedürfnisse von Jungen eingehen, umso schlechter sind schließlich ihre Leistungen. Diese Erkenntnis passt auch zu Aussagen von vielen Lehrkräften: Mädchen sind im Unterricht in der Tat leichter anzuleiten.

WELCHEN NUTZEN HABEN STUDIEN FÜR UNSERE ERZIEHUNG?

So interessant all diese Theorien auch sind, sie ändern nichts daran, dass wir uns als Eltern oder Pädagogen entscheiden müssen, wie wir unsere Kinder erziehen. Wissenschaftler disputieren darüber, ob neurologische Verknüpfungen, Gene oder Hormone bei der Charakterbildung am meisten zu sagen haben. Das sind alles Faktoren, die uns helfen, unsere Kinder besser zu verstehen. Doch die Entscheidung, wie wir unsere Kinder erziehen, ist ein Thema für sich. Das Wissen um die Einflussfaktoren hilft uns ein Stück weit bei der Wahl unseres Erziehungsstils. In den letzten Jahrzehnten haben Eltern trotz besseren Wissens (oder auch in Unkenntnis) nicht beachtet, wie die neurologische Verknüpfung im Gehirn ihres Kindes hätte positiv unterstützt werden können. Zu oft hat man trotz des Wissens um die genetischen Unterschiede oder um die Einflüsse von Hormonen sich bemüht, den Jungen etwas abzuerziehen oder im Keim zu ersticken.

Die verschiedenen Wissenschaften lieferten uns jeweils aus ihrer Perspektive heraus interessante Erkenntnisse und messbare Faktoren. Aber es ist uns nicht gelungen, die richtigen Konsequenzen daraus zu ziehen. Vielmehr hat es dazu geführt, dass wir nur ein großes Entweder-Oder vor uns sehen. Wir müssen unsere Kinder beobachten und uns emphatisch in sie hineinfühlen. Dann gelingt es uns auch, die richtigen Schlüsse zu ziehen. Nur an den Bedürfnissen der Kinder orientierte Erziehungsmethoden fördern Individuen.

WAS IST WESENTLICH FÜR EINE JUNGENGERECHTE ERZIEHUNG?

Ich habe bei Weitem nicht alle Studienergebnisse zusammengetragen, mit denen ich mich auseinandergesetzt habe. Wie gesagt, finde ich die Beschäftigung mit biologischen, psychologischen und soziologischen Erkenntnissen sinnvoll. Doch wir sollten dieses Wissen nicht so nutzen, dass wir uns in der Fülle der Theorien verlieren, sondern wir dürfen nicht vergessen, zu unserer Grundfrage zurückzukehren: Wie sieht eine jungengerechte Erziehung aus? Angereichert mit wissenschaftlichem Knowhow und kombiniert mit einer satten Portion Erziehungsleidenschaft, möchte ich diese Grundsätze als Antworten vorschlagen:

- Ich akzeptiere, dass ein Junge einen anderen biologischen Bauplan hat und dass sein Verhalten hormonell gesteuert wird.
- Ich weiß, dass ich ihn in seiner Unfertigkeit dennoch lenken kann. Aber ich darf nicht vergessen, ihm auch Entfaltungsmöglichkeiten und Freiheiten zu geben: Mein Junge soll die Welt erforschen dürfen.
- Freiheit darf aber nicht grenzenlos sein: Es bedarf Führung und Steuerung, um natürliches Verhalten in gewisse Bahnen zu lenken.
- Ich fördere sein Selbstvertrauen, indem ich wertschätze, was er leistet, und zolle ihm dafür Respekt. Respekt fordere ich aber auch für mich ein.

Letztlich war es die Beobachtung eines Fußballspiels, die mir die Lösung für unser Jungenerziehungsproblem lieferte. Das Spiel war spannend. Das Stadion überfüllt. Es glich einem Hexenkessel. Die Spielzüge auf dem Spielfeld rückten in den Hintergrund. Was geschah rein stimmungsmäßig auf dem Platz? Wie verhielten sich die einzelnen jungen Spieler? Wer steuerte ihr Spiel? Wer nahm von außen Einfluss? Wie ließ sich die Stimmung im Stadion in Worte fassen? Wieso verhielten sich die Zuschauer so beeindruckend anders als im normalen Alltag? Wieso war es so laut, aber dennoch nicht unangenehm? Durfte man so weit gehen, diese sich im Krach entladende Energie Harmonie zu nennen? Wieso passten alle Eindrücke so gut zusammen? Wieso sind viel mehr Jungs und Männer im Stadion als Mädchen oder Frauen? Warum sind Jungs und Männer eigentlich so »fußballverrückt«? Es wurde Zeit für das *fußballdidaktische Erziehungsprinzip*.

6. DAS FUSSBALLDIDAKTISCHE ERZIEHUNGSPRINZIP

- WARUM ES SICH LOHNT, GENAU HINZUSCHAUEN
- WAS FUSSBALL MIT ERZIEHUNG ZU TUN HAT
- WIE DAS LEITBILD »FUSSBALL« FUNKTIONIERT

»Es ist nicht die Angst zu verlieren,
sondern die Lust zu gewinnen.«
(Jürgen Klopp, ehemaliger Trainer von Borussia Dortmund)

Die verschiedenen wissenschaftlichen Studien bestätigen, was Eltern und Pädagogen wahrnehmen: Jungen verhalten sich anders. Auch wenn die Forschung die physischen Voraussetzungen von Jungen unterschiedlich wertet, so ist doch auch klar, dass die Physis Auswirkungen auf das Verhalten von Jungen hat. Wenn man die Erkenntnisse der Forschung etwas mehr in die Sprache von Pädagogen übersetzt, kann man sagen: Jungen haben einen angeborenen Drang, ihre Welt mit allen Sinnen kennenzulernen und zu erobern, sich auszuprobieren, Entdeckungen zu machen, ein Aha-Erlebnis zu erfahren und Abenteuer zu bestehen. Das macht zufrieden. Um sich gut zu entwickeln, benötigen sie Freiräume und »freie Zeiten« – auch abseits der Einflüsse und Kontrolle von Eltern und Pädagogen.

GRUPPENBILDUNG UND NATÜRLICHE HIERARCHIEN

Sich zu behaupten, sich im Wettbewerb mit sich selbst und anderen zu messen, hilft Jungs, ihren Platz in der Welt zu finden. Und wer einen Platz sucht, dem geht es nicht nur um sich selbst, sondern auch um die Rolle, die man gegenüber anderen »Gefährten« einnimmt. Je nach

SICH ZU BEHAUPTEN UND SICH ZU MESSEN, HILFT JUNGS, IHREN PLATZ IN DER WELT ZU FINDEN.

Interessen und Fähigkeiten bilden sich Kompetenzen heraus, sodass auf automatische und natürliche Weise eine Hierarchie entsteht. Wer etwas besonders gut kann, wird auch von anderen gefragt, wie man es macht. Wenn jemand etwas so gut können will wie jemand anders, muss er Zeit mit ihm verbringen und von ihm lernen: Man lässt sich – und das ist gar nicht mal so autoritär – von anderen führen. In Jungengruppen gibt es meist einen »Entscheider«. Das ist an sich noch nicht besorgniserregend. In die falsche Richtung entwickelt sich diese Gruppenbildung natürlich, wenn die Gruppe sich über die Bedürfnisse des Einzelnen erhebt: Beispiele für die negative Entwicklung des »Gruppentriebs« finden wir, wenn wir uns die fragwürdigen Organisationen ansehen, denen sich junge Männer anschließen: Hooligans, Neonazis oder, um die neueste Erscheinungsform zu nennen, als Dschihadisten.

Jungs haben nun mal Sehnsucht nach einer starken Führung. Solange sie sich selbst als erfolglos wahrnehmen, solange sie in ihrer Unreife keine andere Orientierung haben, suchen sie umso mehr nach Führung und Bestätigung ihrer selbst durch jemand anderen. Ohne lange zu reflektieren folgen sie demjenigen, der ihnen Orientierung und Halt verspricht und ihren Leistungen – egal welcher Art – Respekt zollt. Dabei nehmen sie oft nicht wahr, ob diese Wertschätzung echt oder vorgegaukelt ist und ob sie selbst nur als Mittel zum Zweck dienen. Umso wichtiger ist es, dass wir Jungs mit Regeln, Ritualen und klar gesetzten Grenzen in unserer Erziehung Struktur und

Orientierung geben und sie in diesem Rahmen mit unseren Werten und Haltungen vertraut machen. Sie benötigen diese Grenzen, Rituale und Regeln als Zeichen der Beständigkeit und Sicherheit. Sie suchen den Anker, der ihnen in der bewegten See des Lebens Halt gibt und ihnen hilft, jene Werte, die unser Zusammenleben erst möglich machen, kennenzulernen, zu respektieren und schließlich selbst aus Überzeugung zu leben.

Um ihr Ziel zu erreichen, sind Jungs mehr oder weniger risikobereit. Kampfgeist und ein gewisses Aggressionspotenzial sind vorhanden, aber unterschiedlich ausgeprägt. Dies hängt ganz offensichtlich von ihrer genetischen Disposition ab. Gleichzeitig möchten sie irgendwo dazugehören, zu einer Gruppe, einem Team, einer Mannschaft. Gemeinsam Spaß haben, sich aber auch geborgen fühlen.

Es braucht also einen Weg, den sie akzeptieren und mitgehen können. Diesen Erziehungsansatz für Jungen nenne ich den fußballdidaktischen Ansatz.

Weshalb dieser Begriff? Immer wieder habe ich mich gefragt, weshalb Jungen – und Männer – sich beim Fußballspielen und beim Fußballschauen so wohlfühlen. Was begeistert so viele Knaben an dieser Freizeitbeschäftigung, dass sie am liebsten jede freie Minute auf dem Bolzplatz verbringen? Warum kann ich einer Gruppe Sechsjähriger einen Ball in den Raum werfen, und die Jungs fangen sofort an, sich selbstständig in zwei Teams zu organisieren, zwei fiktive Torräume zu bestimmen und loszukicken? Und die Mädchen? Sie schauen häufig entweder abwartend zu oder werfen sich recht vorsichtig den Ball im

Kreis zu. (Achtung! Natürlich nicht alle! Aber ich habe pro Schulklasse noch nie mehr als zwei fußballbegeisterte Mädchen erlebt, während in den Pausen aus jeder Klasse mindestens zehn Jungs den Ball treten.) Was also ist an dieser Sportart Fußball so bemerkenswert anders als bei anderen Sportarten? Bestimmt liegt es nicht nur daran, dass man zum Fußballspielen keine besonders teure Ausrüstung braucht. Die braucht man beim Schwimmen nämlich auch nicht.

GENAU HINSCHAUEN LOHNT SICH

Meine Antwort fand ich, als ich mir 2013 die Halbfinalspiele der Champions League anschaute. Dabei ging es mir nicht um die Tore von Borussia Dortmund oder von Bayern München, sondern um das Wesen des Spiels und all der Dinge, die dabei eine Rolle spielen.

Zunächst einmal ist da dieses riesige Spielfeld, das dem einzelnen Spieler erstaunlich viel Bewegungs- und Aktionsfreiheit lässt. Die einzelnen Spieler können ihren individuellen Stil zelebrieren, ohne in der Masse unterzugehen. Andererseits verlangt die Größe des Raumes dem Einzelnen einiges ab: weite Laufwege, Durchhaltevermögen, Schnelligkeit, Überblick. Man ist körperlich und gedanklich gefordert, sich auf diese eine Sache zu fokussieren. Wer mit den Gedanken woanders ist, wird ausgewechselt. Wer keine gute Kondition hat, kommt schnell an seine Grenzen. Das Spiel selbst bietet klare Strukturen. Es gibt zeitliche und räumliche Vorgaben. Ein verständliches Regelwerk unterstützt den strukturierten Rahmen.

Dabei stehen zwei Teams im Wettbewerb. Ziel ist es, das bessere Team zu sein.

Im Team selbst hat jeder seine konkrete Aufgabe und Rolle, die er bestmöglich ausfüllt. Diese Aufgaben beziehungsweise Rollen werden nicht wahllos vergeben, sondern entsprechend den Fähigkeiten des Einzelnen, und werden vom Trainer bestimmt. Diesem kommt eine wichtige Führungsrolle zu. Selten wird seine Kompetenz angezweifelt. Die Spielregeln werden von einer zweiten Führungsinstanz durchgesetzt: dem Schiedsrichter. Und es beeindruckt mich, dass selbst zweifelhafte Schiedsrichterentscheidungen akzeptiert werden (müssen). Natürlich gibt es auch Ausfälle gegen »Schiris«, aber meist nimmt man auch offensichtliche Fehlentscheidungen hin, denn es ist klar, dass an der Entscheiderrolle des Schiedsrichters nicht gerüttelt werden darf. Den Schiedsrichter bei jeder Gelegenheit in Frage zu stellen, wäre nämlich noch schlimmer. Der verlängerte Arm des Trainers auf dem Spielfeld ist der Kapitän bzw. Spielführer, der in den unteren Spielklassen normalerweise demokratisch gewählt wird. Hierbei handelt es sich um den Spieler, der sich durch spielerisches Können, Teamgeist, Umsicht und Übersicht den Respekt seiner Mitspieler erworben hat. In diesem geordneten Rahmen ist eine Mannschaft zu erstaunlichen Leistungen fähig. Einsatzbereitschaft und Kampfgeist prägen die Mimik und Körperhaltung der einzelnen Spieler während des Spiels und weichen einer fast kindlichen Freude und Zufriedenheit, wenn das Spiel mit Bravour beendet wurde.

Mindestens ebenso erstaunlich wie die Aktionen auf dem Spielfeld sind die Rituale, die das Spiel in den Rängen begleiten: Da ruft der Stadionsprecher den Vornamen des Torschützen; und Zehntausende Menschen skandieren dessen Nachnamen ohrenbetäubend laut. Oft stehen mit dem Rücken zum Spiel »Einheizer« und »Chorleiter«, die Ton, Takt und Text dem Publikum vorgeben. So singt, reimt und grölt man, um die Spieler zu noch besseren Leistungen anzuspornen.

WAS FUSSBALL MIT ERZIEHUNG ZU TUN HAT … ODER HABEN SOLLTE

In neunzig Minuten werden alle Bedürfnisse, die für Jungen von Wichtigkeit sind, bedient:

- Individuelle Freiheit
- Bewegung und körperliche Anstrengung
- Strukturen mit Regeln und Grenzen
- Rituale
- Führung (geführt werden und die Chance, selbst Verantwortung zu übernehmen)
- Zugehörigkeit
- Teamarbeit
- Orientierung an Leitbildern
- Respekt
- Anerkennung
- Zufriedenheit
- Disziplin

Mehmet Scholl wurde in einem Interview gefragt, welche Werte es der deutschen Fußballnationalmannschaft 2014 ermöglicht haben, ihren historischen Sieg der Weltmeisterschaft zu feiern. Lange musste er nicht nachdenken und meinte: »Eine Garantie für den Erfolg ist es, wenn ich mich als Spieler wohlfühle. Wenn ich in meinem Team einen Platz habe, die Mannschaft als Einheit begreife und die Hierarchie im Team akzeptiere. Dann hat jeder seine persönliche Aufgabe, auf die er sich konzentrieren kann. Das Team macht den Erfolg – und der Erfolg schmiedet ein Team.«

Die ganze Welt schaute 2014 gebannt zu, und nicht nur in Deutschland zollte man der deutschen Fußballnationalmannschaft wertschätzenden Beifall für die Leistung als Team. »Hinzu kommt der Respekt vor dem Gegner – ohne Überheblichkeit – das zeugt von Reife und man sollte nie das Ziel aus den Augen verlieren.« Fast kämpferisch fügte er hinzu: »Du musst bereit sein, für den Titel zu sterben!« Etwas sanfter ausgedrückt: Mit Mut zum Risiko und vollem Einsatz erreicht man sein Ziel, denn erst wenn man sich etwas zutraut, weiß man, was in einem steckt. Vermutlich dachte er dabei an Bastian Schweinsteiger, den auch eine Platzwunde über dem Auge nicht stoppen konnte.

PERFEKTION IST TEAMSACHE

Jürgen Klopp hat gesagt: »Nur durch Perfektion kannst du Grenzen überschreiten«. Was meint er mit Perfektion? Einer der erfolgreichsten Trainer kann damit nur meinen, dass der Einzelspieler und auch das Team nur durch bestmöglichen Einsatz etwas Unglaubliches auf dem Platz bewerkstelligen können. Für den Einzelspieler gilt, dass er sein Bestmögliches innerhalb der ihm zugewiesenen Position geben muss. Wenn jeder in seinem Bereich sein Bestes tut, hat die ganze Mannschaft eine Chance. Die Perfektion des Einzelnen trägt zur Perfektion des Ganzen bei. Am Anfang wollen Jungs vielleicht einsame Helden auf dem Platz sein, doch sie lernen schnell, dass sie nur als Team heldenhaft sein können.

Darum eifern sie den Fußballspielern nach. Darum sind Fußballspieler Leitfiguren für sie. Ich bin dankbar für Aussagen wie diese von Thomas Müller, nachdem er für sein Spiel das Lob eines Reporters bekam: »Nun schauen wir mal nicht mehr auf die Individualisten. Wichtig ist doch, dass das Team gut spielt. Die Protagonisten des Spiels ändern sich doch je nach Spielverlauf.«

In unserer Erziehung haben wir zunehmend vernachlässigt, dass Jungs auch den intensiven Kontakt zu anderen Kindern brauchen, um sich gut zu entwickeln. Dass sie Teamplayer sein dürfen. Leider sind Kinder aber zunehmend Individualprojekte ihrer Eltern geworden: gewünscht, geplant, dem Projektziel »Nette Kleinfamilie mit Vorzeigekind« untergeordnet. Für eigene Bedürfnisse bleibt da wenig Raum.

Wichtig ist auch der Aspekt der Fokussierung, der bei dem Gedanken der Perfektion mitschwingt. Wer Perfektion auf dem Spielfeld hinlegen will, der geht in seiner Tätigkeit auf. Hier lässt er seiner Begeisterung freien Lauf. Er konzentriert seine Begeisterung auf einen Punkt. Produktiver kann (männliches) Monotasking gar nicht sein. Wer gelernt hat, sich für

WER SEINE BEGEISTERUNG AUF DEM SPIELFELD AUSLEBT, IST WENIGER ANFÄLLIG FÜR EXTREMISMUS.

seine Rolle in einer Mannschaft zu begeistern, ist weniger anfällig dafür, sich für Wehrsportübungen oder dem Kampf gegen Ungläubige begeistern zu lassen.

»FUSSBÄLLE STATT BOMBEN«

In seinem Essay »Fußbälle statt Bomben« formulierte Bruno Frey 2014 in der Weltwoche eine ziemlich unorthodoxe Idee. Er beschrieb die widerwärtige Vorgehensweise des Islamischen Staates (IS), der Kinder und Jugendliche – natürlich nur Vertreter des Krieger- und Kanonenfutter-Geschlechts – brutal zum Mitmachen zwingt. Sie richten ihre Kindersoldaten so ab, dass sie mit Vergnügen quälen und töten. Wie kann man diesem terroristischen Vorgehen Einhalt gebieten? Bruno Freys Idee ist geradezu vergnüglich: Man müsse die Bedürfnisse der Kindersoldaten ernst nehmen. Ein wesentliches Bedürfnis ist der Spieltrieb. Und da sich Jungs besonders gern beim Fußballspielen vergnügen, könnten wir dieses Bedürfnis doch nutzen: Anstatt Bomben werfen Flugzeuge Fußbälle ab! Die Kindersoldaten dürften die Bälle einsammeln und zu spielen beginnen. Die Terroristenführer hätten das Nachsehen. Die Idee ist nur auf den ersten Blick naiv. Sie ist genial. So eine Aktion würde ein Zeichen setzen. Wir dürfen auch nicht vergessen, dass die Rosinenbomber über Westberlin eine ähnliche Signalwirkung hatten. Ein Fußballbomber würde aktive Friedensarbeit leisten.

Für unsere europäische Gesellschaft ist diese Idee ebenfalls nützlich, denn schließlich werden unter anderem in Deutschland, Frankreich, Belgien und England Jugendliche für die Front des IS rekrutiert. Würden wir in unserer Erziehung rechtzeitig die Bedürfnisse von Jungen wahrnehmen und unsere Erziehung darauf ausrichten, müssten wir nicht Sorge haben, dass so viele junge Männer in unserer westlichen Welt perspektivlos sind und sich solchen extremistischen Rattenfängern zuwenden.

Verschiedene Fußballverbände haben die Chance, die ihr Sport auf erzieherischer Ebene bietet, erkannt und bieten für Kinder und Jugendliche Anti-Aggressions-Trainingskurse an, wo das respektvolle Miteinander und soziale und lebenspraktische Kompetenz geübt werden. Die Kurse umfassen fünfzehn Einheiten inklusive eines Trainingscamps und begleitenden Elternabenden. Man nutzt die Kombination aus Teamsport und Sozialtraining, um den Teufelskreis aus Frustration und Aggression zu durchbrechen, in andere Bahnen zu lenken und neue Perspektiven zu öffnen. Prävention statt Eskalation.

Markus Spitzer, Sohn von Prof. Dr. Spitzer, führt mit ähnlicher Zielsetzung regelmäßig erfolgreich Basketballcamps durch. Und auch in anderen Sportarten, zum Beispiel in verschiedenen Kampfsportarten, haben Sportverantwortliche Angebote eingerichtet, um soziale Kompetenz zu schulen. Letztlich ist es ganz gleich, unter welchem Schirm oder in welchem sportlichen Rahmen die Projekte angeboten werden. Sie brauchen die Vision, Jungen bedürfnisgerecht erzieherisch zu begleiten. Bereits kleine Erfolge geben ihnen recht.

Sport ist im Allgemeinen die perfekte Plattform für soziales Lernen. Es werden ganz gegensätzliche Haltungen gleichermaßen geschult: das Miteinander, das Füreinander, aber auch das Gegeneinander. Dabei bleibt genügend

Raum, um sich mit Haltungen und Einstellungen auseinanderzusetzen.

Naiv wäre es zu glauben, dass die sportliche Aktivität das Allheilmittel ist. Natürlich ist sie es nicht. Aber im Sport werden die Erziehungsprinzipien perfekt ins Handeln übersetzt und können in die alltägliche Lebensführung übertragen werden.

PUTZEN ANSTATT FUSSBALL SPIELEN

Eine Bekannte, selbst Mutter von zwei Söhnen, hat das Prinzip meines Ansatzes schon vor Jahren in ihrer Familie praktiziert. Der Kontext war eher unspektakulär: Es ging darum, das Haus zu putzen. Die Rahmenbedingungen galten für die ganze Familie: »Wir haben ein schönes, großes Haus, von dem wir alle profitieren. Jeder hat hier seine Freiräume, Rückzugsmöglichkeiten und weiß, wo der gefüllte Kühlschrank steht. Schön ist es aber nur, wenn auch regelmäßig sauber gemacht wird. Wir sind eigentlich eine tolle Familie, mögen uns und verbringen gerne unsere Freizeit miteinander.« Die Elternteile sind beide berufstätig. Alle Pflichten müssen also im Familienteam fair verteilt sein. Eine Putzhilfe wolle man sich nicht leisten, denn für das Ersparte gönnte man sich lieber einen »Pizzaabend en famille« oder einen Ausflug ins Erlebnisbad. Das wiederum bedeutete, man musste sich auch das Zeitfenster für die Gemeinsamkeit freischaufeln. Die Entscheidung fällten die Eltern. Jeden Samstag um 8.30 Uhr war die Zeit für das gemeinsame Putzen da. Jedes Mitglied war für einen bestimmten Bereich verantwortlich. Vorlieben wurden dabei durchaus berücksichtigt. War nach zwei Stunden alles geschafft, ging man zum gemütlichen Teil über: Dann machte man zur Belohnung etwas, das allen Spaß machte. Die Familie zog dieses Projekt bereits durch, als die Jungs gerade mal sieben und fünf Jahre alt waren. Es wurde zur Routine, zum Samstagvormittagsritual. Die Familie behielt das Ritual bei, bis die beiden Knaben auszogen, um zu studieren. Ihre »Putzkompetenz« konnten die beiden in der Studenten-WG gewinnbringend einbringen. Letztlich haben sie nicht nur putzen gelernt, sondern eine Menge anderer sozialer Kompetenzen erworben: Teamwork und die Fähigkeit, Unangenehmes mit Angenehmem zu verbinden.

Erlebnischarakter und Nutzen dieses wöchentlichen Putzevents sind so groß, dass ich ihn als gelungenes Beispiel für das fußballdidaktische Erziehungsprinzip anführe. Mir hat sehr imponiert, dass andere Menschen ähnliche Ideen haben. Mit der Zeit stimmten mich all die kleinen »Erziehungstricks«, die mir über den Weg kamen, nachdenklich, sodass ich anfing, diese kreativen Erziehungsmaßnahmen dem fußballdidaktischen Erziehungsprinzip zuzurechnen. Wir sollten diese konstruktiven Erziehungstricks wirklich aus ihrer Anonymität befreien und zu einem Prinzip, zu einem Programm für die Gesellschaft machen: Unser Alltag kann sehr viel jungengerechter sein, wenn wir diesen kleinen Tricks mehr Bedeutung geben. Unsere Jungen werden es uns danken.

7. WILDE KERLE, ABENTEURER UND KLEINE FORSCHER

- WARUM DAS HERZ DES ERZIEHERS MASSGEBLICH BETEILIGT IST
- WARUM EIN BISSCHEN ERZIEHERISCHER MUT SO GUT TUT
- WARUM ES SICH LOHNT IN SEINEN ERINNERUNGEN ZU KRAMEN

Viele Jahre begleitete mich ein älterer Kollege während meines Schuldienstes. Er unterrichtete nahezu alle Fächer in seinen Klassen selbst. Sehr viel habe ich von ihm gelernt! Sein Unterrichtsstil war eher unauffällig. Er experimentierte nicht viel mit modernen Methoden. Dennoch war er – besonders bei den Jungs – sehr beliebt. Weshalb war das so?

DAS HERZ DES ERZIEHERS IST MASSGEBLICH BETEILIGT

Er verfügte über Empathie. Er konnte sich in seine Schüler einfühlen. In die Jungs besonders. Er war ja auch mal einer gewesen. Er wusste um ihre Abenteuerlust und ihren Forschungsdrang. Er wusste, dass sie sich und ihre Welt erproben wollten. Deshalb führte er häufig Lerngänge außerhalb des Klassenzimmers durch.

Er war unerschrocken. Er wagte es zum Beispiel, mit 25 Kindern auf einen Berg zu steigen oder eine Höhle zu erkunden. Dabei war er keineswegs verantwortungslos, denn natürlich klärte er im Vorfeld eventuelle Risiken ab. Kein einziger seiner Lerngänge endete in einem Unfall oder mit einer Verletzung. Stets kamen alle Kinder sicher und wohlbehalten zu Hause an – und zwar ganz ohne den Einsatz des heute unverzichtbaren Handys.

Er nahm die Kinder mit in die Verantwortung. »Wenn ihr euch an unsere Regeln haltet, dann kann ich mit euch auch Dinge unternehmen, die andere Lehrer vielleicht für zu gefährlich halten.« Dieses Ernstnehmen der Kinder unterstützte die Schüler auch bei ihrer sozialen Entwicklung. Er lehrte sie die notwendige Achtsamkeit und sensibilisierte ihre Wahrnehmung. Die Kinder bekamen Zeit und Raum, Dinge zu entdecken, die man im Alltag eher ignorieren würde: ein Greifvogel, der über der Wiese kreiste. Ein Rascheln, das sich als Eidechse entpuppte. Die Verschiedenheit der kleinen und großen Spinnen, die vor allem im Herbst herumkrabbelten. Steine in allen Formen und Farben. Um all diese Dinge erfahren zu können, braucht es Zeit – Zeit zum Innehalten, anstatt mit dem Blick der Gewohnheit voranzupreschen.

Ich hatte das Glück, dass just dieser Kollege zwei Jahre lang der Lehrer meines Sohnes war. Er hat meinen Sohn mitgeprägt und in ihm Interessen und Lernfreude geweckt. Noch heute spricht mein Sohn nur begeistert über ihn. Als sich die beiden vor wenigen Jahren in gemütlicher Runde bei einem Weinfest wieder trafen, schwelgten beide in ihren Erinnerungen.

IST UNSER SICHERHEITSBEDÜRFNIS HINTERFRAGBAR?

Einer der Ausflüge war für meinen Sohn so inspirierend, dass er sich entschloss, selbst das Abenteuer zu suchen. Im vierten Schuljahr waren die Vulkanschlote und Höhlen der Schwäbischen Alb ein ergiebiges Unterrichtsthema. Der Kollege hatte eine ausgeprägte Affinität zur Geschichte und Geologie unserer Heimat und der Funke seiner Begeisterung sprang rasch über. So machte sich die Klasse, da wir am Rande der Schwäbischen Alb wohnten, mit Rucksack, festem Schuhwerk und Taschenlampen auf den Weg, um genau diese Phänomene zu erkunden. Das erste Ziel war die Morlach, ein kleiner Tümpel und ehemaliger Vulkanschlot, in dem man im Frühjahr wunderbar Kaulquappen und Libellen beobachten konnte. Danach wurde die Barnberghöhle erforscht. Eine kleine, nur einheimischen Insidern bekannte Höhle, um die sich viele spannende Sagen rankten. Als mein Sohn am Nachmittag zurückkam, sprudelte er ob seiner Begeisterung. Er erzählte und erzählte.

Das Erlebte ließ ihn nicht los. Zwei Tage später, es war bereits Nachmittag, beschloss er mit einem Freund, die Wanderung zu wiederholen. Begeistert war ich nicht, weil ich um den steilen Aufstieg wusste. Ich erlaubte den beiden auch nur, die kleine Morlach zu besuchen. Die erste Etappe nahmen die beiden mit dem Fahrrad, dann ging es zu Fuß weiter bergauf.

Die Stunden vergingen. Ich wurde unruhig. Es dämmerte. Ich wurde noch unruhiger. Es war bereits stockdunkel, als mein Sohn endlich mit roten Backen vor der Tür stand. Es war eine Mischung aus Erleichterung und Zorn, die mich bewegte. Florian schaffte es, die Standpauke moderat zu halten, als er sich entschuldigte: »Ich weiß, ich bin zu spät. Aber der Aufstieg hat ganz schön lang gedauert und dann haben wir ganz viele Kaulquappen gesehen und zwei Hasen und dann war da noch ein ganz toller Sonnenuntergang – ganz schön. Den mussten wir unbedingt noch zu Ende gucken.« Mit etwas zeitlichem Abstand bin ich froh, dass ich ihm das kleine Abenteuer zugestanden habe. Es hat ihm sicher mehr gebracht, als brav zu Hause spielen zu müssen. Ich bin überzeugt, dass Kinder, ganz besonders Jungs, solche Freiräume für eine gesunde Entwicklung brauchen. Ohne ständige Aufsicht in einem Bach waten und Dämme bauen. Auf Bäume klettern, so hoch, wie sie es sich trauen, ohne dass ängstliche Eltern – meist Mütter – sie wieder schimpfend herunterholen. Es sind die Erlebnisse ohne Aufsicht, die spannend und nachhaltig prägend sind.

ES BRAUCHT MUT, LOSZULASSEN

Einfach ist es nicht, das Kind, das man gefahrlos durch sein junges Leben begleiten will, bewusst loszulassen. Aber es zahlt sich aus! Besonders Jungs, die die Freiräume oftmals bedingungslos suchen, lernen, wenn man sie schrittweise an neue Freiheiten heranführt, angemessen mit ihren Freiräumen umzugehen. Sie lernen Gefahren besser einzuschätzen und können sensibler damit umgehen.

Der erste Weg ohne Eltern sollte der Weg in den Kindergarten oder zur Schule sein. Ohne elterliche Aufsicht bietet er die Chance für kleine Abenteuer und Entdeckungen. Steine sammeln, Regenwürmer vom Gehweg ins Gras retten, Spinnen und Schnecken beobachten, Sonne, Wind oder Regen auf der Haut spüren. Mit Freunden über Fußball, Automodelle oder Kinderbücher fachsimpeln, die Autokolonne am Fußgängerüberweg zum Stehen zu zwingen. Auch der Schulweg bildet.

Wir müssen unseren Söhnen schon im frühen Kindesalter das Vertrauen schenken und sie über bestimmte Zeiträume hinweg allein die Welt erforschen lassen. Nur so lernen sie frühzeitig zu erkennen, wo die Grenzen zur

Unzumutbarkeit liegen. Dann käme es vielleicht weniger zu grenzwertigen Situationen wie diese:

Die ersten Jahre der Schulzeit wurde eine Gruppe Jungs zur Schule gebracht, oft gefahren. Eigentlich standen sie die meiste Zeit unter Aufsicht. Endlich, mit Beginn des fünften Schuljahres, durften sie mit der Regionalbahn zum nächstgelegenen Gymnasium fahren. Warten auf Bahnsteigen macht erfinderisch. So kam man auf die Idee, knapp vor dem Einfahren der Bahn leere Getränkedosen auf das Gleis zu werfen. Sieger war derjenige, dem es gelang, die Büchse so gezielt zu werfen, dass die Räder der Bahn sie zermalmten. Erstaunlicherweise wurden die Knaben nicht bei ihrem Blödsinn ertappt. Vermutlich, weil so viel Andrang auf den Bahnsteigen war. Und zum Glück war bei diesen abenteuerlichen Versuchen nichts passiert. Die Jungen haben den Nervenkitzel sicher genossen. Ob sie je verstanden haben, dass es eine gefährliche Dummheit war, bezweifle ich, denn es kam zu keinerlei Konsequenzen.

Vollkommen gegen meine Vorstellung, wie Jungs ihre Abenteuerlust ausleben sollten, reagiert der Spielzeugmarkt. Es muss immer aggressiv blinken, fauchen und flitzen. Bei der Nürnberger Spielwarenmesse wurde ein Dreirad vorgestellt, dass bis zu fünfzehn Stundenkilometer schnell fährt, ohne dass man in die Pedale treten muss! Keine Frage, das rasende Ungetüm begeistert viele Jungs. Aber was steckt wirklich hinter dieser Präsentation? Es werden Bedürfnisse eines Erwachsenen auf Kinder projiziert: Man wünscht sich, Geschwindigkeit ohne Anstrengung intensiv zu erleben. Liebe Eltern, Kinder ticken anders: Sie »erspielen« sich ihre Geschwindigkeit – wenn man sie lässt. Selbst als Fahrer eines Bobby-Cars oder eines gewöhnlichen Rollers erreichen sie in ihrem subjektiven Erleben Höchstgeschwindigkeiten und genießen dabei die körperliche Anstrengung, die dazu nötig ist. Sie schaffen es durch eigene Anstrengung und können stolz auf ihren Erfolg sein.

SCHAU MAL, WAS ICH KANN!

Welch ein wunderbarer Satz aus dem Mund eines Sohnes.

»Schau mal, was ich kann!« Und schon hängt er kopfüber auf der höchsten Stufe des Klettergerüstes.

»Schau mal, was ich kann!« Und schon wippt er wie verrückt auf dem hohen, schmalen Ast des Ahornbaums.

»Schau mal, was ich kann!« Und schon stürzt er sich todesmutig mit seinen neuen Skiern den Abhang hinunter. Am Ende der Fahrt fällt er hin, überschlägt sich, grinst auch noch stolz.

Ich rate Ihnen: Lassen sie diese Eskapaden auch mal zu! Setzen sie die Grenzen da, wo es offensichtlich zu Schäden kommen kann. Jungen müssen ihre Grenzen ausloten können. Sie gehen dabei meist einen Schritt weiter, als ein Mädchen es tun würde.

Was geschieht nun aber, wenn man Jungs ständig in ihrem Freiraum begrenzt? Eine mögliche Antwort stammt aus dem Tierreich: Begrenzt man den Lebensraum von Wildtieren in starkem Maße, werden die Tiere entweder depressiv oder aggressiv. Man weiß von Raubtieren, die in der Enge ihrer Zoogehege depressiv werden und sterben. Nachwuchs bekommen sie nur selten in Gefangenschaft. Selbst in der freien Natur konnte man unter bestimmten Bedingungen artuntypisches Verhalten beobachten: Man begrenzte den Lebensraum einer Horde Elefanten in hohem Maße. Die Tiere entwickelten daraufhin ein solches Aggressionspotenzial, dass sie völlig grundlos eine Horde Nilpferde angriffen. Lassen sich solche Beobachtungen auf Menschen übertragen? Tiere sind doch stark instinktgesteuert. Ich sage Ja! Denn gerade die Bewegungsbereitschaft einerseits und die Aggressionsbereitschaft ist abhängig von dem Sexualhormon Testosteron (siehe Kapitel 5).

Eltern, Lehrer und Erzieher beobachteten bei Jungen eine auffällig höhere Aggressionsbereitschaft in den letzten Jahren. Wir beschneiden zunehmend ihre Freiräume. Wir lassen sie nicht mehr Forscher, Abenteuer und »wilde Kerle« sein. Ich wage sogar die Hypothese: Je früher und umfassender Jungen in einer Institution mit (jungenuntauglicher) Ganztagesbetreuung sind, desto größer ist die Gefahr, dass sie zu unkontrolliertem Verhalten neigen. Die Erklärung sehe ich in der Form unserer Betreuungsangebote. Aus Angst, ein Kind könnte einen Unfall haben, stehen stets Erzieherinnen oder Betreuerinnen bereit. Schulen, die Ganztagesangebote anbieten, sind selten so strukturiert, dass sie den Kindern auch echte »Frei-Zeiten« anbieten können. Es gibt Spielbereiche und

JE MEHR GANZTAGSBETREUUNG, DESTO MEHR UNKONTROLLIERTES VERHALTEN. JUNGEN BRAUCHEN FREIRÄUME!

Spielplätze, vielleicht ein Sportgelände. Aber nirgendwo dürfen sich Kinder wirklich unbeaufsichtigt aufhalten. Gerade in den ungemütlichen Herbst- und Wintermonaten, wenn die Kinder kaum draußen spielen können, beobachten wir eine Zunahme an Streitereien und Verhaltensauffälligkeiten in der Schule. Wenn die Betreuerinnen sich bemühen, die Kinder durch Angebote zu bespaßen, werden sie oft enttäuscht: Ein zehnjähriger Junge hat nun mal nach fünf Stunden Unterricht keine Lust, Mandalas auszumalen oder Fensterbilder auszuschneiden. Sie können ihre Unruhe kaum kontrollieren.

Geringfügige Körperberührungen, die sich durch die Enge der Räume und die große Kinderzahl ergeben, führen zu Affekthandlungen. Sie empfinden die Nähe der anderen als so unangenehm, dass sie sofort zurückschlagen. Rasch ist eine Rauferei im Gange, die nicht selten zu Verletzungen führt. Natürlich greifen die Erwachsenen ein. Die ausgesprochenen Konsequenzen, meist noch mehr Freiheitsentzug oder Schreib-Strafarbeiten, helfen den Jungen nicht weiter. Die Spirale dreht sich weiter nach unten.

Zu Hause lassen sich die Jungen zwar symptomatisch wunderbar mit Fernsehen und Spielekonsole ruhigstellen, aber damit ist die Ursache ihrer Unruhe nicht behoben. Eigentlich wollen sie nur raus, sich und ihre Umwelt erforschen. Das lassen wir aber nicht zu. Es fehlt uns an der geeigneten Infrastruktur und oftmals auch am Mut und am Willen. Viele Eltern sind durch ihre Berufe zeitlich und mental so stark unter Druck, dass sie sich selbst gerne einmal eine Auszeit gönnen wollen. Leider kollidiert dieser Wunsch häufig mit den Bedürfnissen ihrer Kinder. Es ist nachvollziehbar, wenn Eltern den einfachen Weg der »mediengestützten« Kinderbetreuung gehen. Für die Jungen ist es jedoch auf Dauer fatal: Zwar lenken Fernsehen und Videospiele sie kurzfristig ab, doch langfristig kann der Bewegungsentzug zu keinem ausbalancierten Gefühlshaushalt führen. Ihre Bedürfnisse werden eingegrenzt durch die Staumauer der häuslichen und gesellschaftlichen Lebensbedingungen. Angestaute Kräfte werden unkontrolliert freigesetzt.

Diesen Leidensdruck können wir nur entschärfen, wenn wir die Bedürfnisse von Jungen ernst nehmen, ihnen Freiräume geben oder ihren Wunsch nach Freiheit sinnvoll kanalisieren.

ES LOHNT, IN SEINEN ERINNERUNGEN ZU KRAMEN

Als mein Sohn damals erschöpft und mit einem etwas schlechten Gewissen, wohl aber zufrieden von seiner unplanmäßigen Nachtwanderung zurückkehrte, machte ich mir Gedanken, wie er seine Neugier befriedigen konnte, ohne dass ich zu Hause voller Sorge wartend herumtigern musste. Gleichzeitig erinnerte ich mich der Gelassenheit, die meine Eltern an den Tag legten, wenn ich nach der Schule stundenlang mit Freunden herumstromerte. Ich schlug Florian vor, in den Sommerferien einen »Expeditionsurlaub« zu machen und alle zugänglichen Höhlen der Schwäbischen Alb zu erkunden. Seine Aufgabe war, geeignete Höhlen ausfindig zu machen und zu schauen, wie wir dort hinkommen würden. Natürlich würde ich das Auto nehmen, aber ich wollte wissen, wie weit es weg war und wie lange die Anfahrt dauern würde. Auch war wichtig zu wissen, welche Ausrüstungsgegenstände wir mitnehmen mussten. Reichte festes Schuhwerk und eine Jacke? Brauchten wir Taschenlampen oder Gummistiefel? Florian vertiefte sich in seine Vorbereitungen und schaffte es. Übrigens ganz ohne Internet. Das stand uns damals noch nicht zur Verfügung. Im Juli ging es los. Mit seiner kleinen Schwester im Schlepptau erforschten wir Nebel- und Bärenhöhle, die Tiefenhöhle und einige andere mehr. Je mehr Erfahrungen wir gesammelten hatten und je mehr ich ihn selbst dabei erlebt hatte, wie er die Dinge richtig in die Hand nahm, desto leichter fiel es mir, ihn auch einmal allein vorausmarschieren zu lassen oder am Höhleneingang auf ihn zu warten.

Zurückblickend war es ein wunderbares Ferienabenteuer. Das Wichtigste aber war, dass ich zu mehr Gelassenheit gelangte.

Ich bin überzeugt: Auch in Ihrer Region gibt es genügend spannende Ziele, die man mit seinen Kindern erforschen kann. Werden die Jungen älter, ist eine gewisse Portion Vertrauensvorschuss nötig, um sie allein losziehen zu lassen. Man beginnt mit kleinen Exkursionen und erweitert sukzessive dem Alter entsprechend den Radius.

Vor ein paar Jahren hatten ein paar Mütter meiner Schule eine ähnliche Idee. Sie boten einer interessierten Schülergruppe an, einmal pro Woche einen Nachmittag lang auf unseren Hausberg, das Rosenegg, zu wandern. Sie wollten Pflanzen entdecken, Steine sammeln, Lager bauen, durch das Unterholz strolchen. Ich fand die Idee hervorragend und das Interesse der Kinder war zunächst groß.

Aber bereits beim fünften Mal murrten schon die Ersten: »Müssen wir schon wieder so weit laufen?« Die Projektleiterinnen blieben konsequent. Bis beim nächsten Mal ein Knabe sein Handy zückte und seine Mutter anrief, er wolle nicht mehr. Sie möge ihn abholen. Tja, und sie tat es. Zehn Minuten später lud sie ihn in ihr Auto ein. Das war das Ende des Projekts. Ich bedaure es noch heute. Die Idee war wunderbar. Der Rückhalt einiger Eltern leider nicht.

Aus Unwissenheit und aus falscher Fürsorge. Der Knabe hatte das Falsche gelernt: Wenn ich rufe, kommt meine Mutter und räumt mir mein Problem aus dem Weg. Was er nicht gelernt hatte: sich auf eine Herausforderung einzulassen, die er körperlich bewältigen musste, und das anschließende zufriedene Gefühl, etwas selbst geleistet zu haben. Besonders die Begegnung mit der Natur, verbunden mit einem Gruppenerlebnis, birgt immense Erziehungsschätze.

Es ist erfreulich, dass das Wandern, über Jahre hinweg verpönt, wieder gesellschaftsfähig wird, denn es bietet eine Reihe Erfahrungs-, Lern- und Selbstbetätigungsfelder, die für die physische und psychische Entwicklung von Jungen wesentlich sind: Anstrengungen aushalten, Müdigkeit und Erschöpfung überwinden, Hunger und Durst eine Weile aushalten, sich auf Hitze und Kälte einstellen, abends seine Muskeln spüren oder das wunderbare Gefühl, wenn die Ruhe nach der Anstrengung einkehren darf. Man darf mit seinem ganzen Körper die Außenwelt erspüren, sich als Gestalter und als Bezwinger fühlen. Hinzu kommt, dass man in einer Gruppe Erlebnisse teilen darf und lernt, auf andere Rücksicht zu nehmen: zu warten, wenn es einem anderen zu schnell wird, sein Tempo anzupassen, sich selbst noch mehr anzustrengen, um mithalten zu können. Sich gegenseitig zu helfen und zu unterstützen, indem man zum Beispiel die Rucksäcke so packt, dass alle dasselbe Gewicht tragen.

Wie wäre folgende Idee: Anstatt den nächsten Kindergeburtstag in einer geschlossenen »Abenteuerarena« zu buchen, planen Sie eine Geburtstagswanderung. Das kann ganz einfach sein: Man wandert um einen See herum. Man wandert möglichst direkt am Wasser entlang, streicht durch das Gestrüpp und das Schilf und weiß doch genau, wo man ankommt. Bauen Sie kleine zu lösende Aufgaben in die Wanderung ein: Balanciert über die Baumstämme. Lasst uns ein Waldlager bauen.

Oder lassen Sie eine Schnitzeljagd zu. Dabei geht ein kleiner Teil der Gruppe voraus. Durch das Legen von Stöckchen in Pfeilform bestimmt diese Gruppe den Weg. Der andere Gruppenteil startet etwas später. Schafft es die zweite Gruppe, die erste Gruppe einzuholen? Sollte es Ihnen bei der Durchführung allein mit der Kindergruppe unwohl sein, so findet sich gewiss ein zweiter Erwachsener, der Sie unterstützt und die zweite Gruppe begleitet. Aber vermeiden Sie, wenn sich das Spiel gut entwickelt, sich selbst zu oft einzumischen. Die Kinder schaffen das meist selbst. Das sind kreative Köpfe.

FORSCHUNGSFREIHEIT MACHT GLÜCKLICH

Eine gute Freundin von mir, die Mutter von drei Söhnen ist, hat längst akzeptiert, dass ihre Söhne Bewegungs- und Forschungsfreiräume, aber auch klare Grenzen brauchen. Vor Kurzem besuchte ich sie. Marc, ihr Jüngster, hatte gerade entschieden, dass er eine kleine Denkpause beim Hausaufgabenmachen bräuchte. Er gesellte sich zu uns. »Nein, Marc! Wenn du eine Pause brauchst, dann gehst du fünf Minuten auf dein Trampolin und denkst dir beim Springen aus, wie du die nächste Aufgabe lösen willst.« Flugs sauste Marc in den Garten. Ich staunte nicht schlecht, als ich sah, welche Kunststücke er aneinanderreihte: hohe Sprünge, Sitzsprünge, Rückwärtssaltos, Strecksprünge ... »Ist das nicht zu gefährlich ohne zusätzliche Absicherung?«, fragte ich. Sie zuckte die Achseln: »Er kann das!« Nach genau fünf Minuten beendete er seinen Gartenausflug und setzte sich wieder an seinen Schreibtisch, um weiterzuarbeiten.

Marc war außerdem durch und durch Tüftler: Bereits sein Zimmer war ein Erlebnis. Auf dem weichen Korkparkett hatte er alte Fliesen ausgelegt. Als Unterlage für seine »Versuche« und Experimente, damit der Parkettboden nicht kaputtging. Seine Mutter ließ es zu. »Es ist ja schließlich sein Zimmer!« Marc holte sich seine Ideen aus verschiedenen Kinderwissensbüchern, aus dem Internet oder aus Kindersendungen. Und so bastelte er alles Mögliche nach: Solarstrombetriebene Minihubschrauber, Lichterketten, Transportflugzeuge, Gartenwerkzeuge und so weiter. Das Material dazu erbettelte er sich auf Baustellen oder kramte es aus dem häuslichen Müll. Eigentlich konnte er alles verwerten und verwenden. Seine Mutter respektierte seine Experimentierleidenschaft und lobte jedes gelungene Produkt. Voraussetzung war, dass er im Vorfeld ankündigen musste, was er vorhatte. So behielt seine Mutter die Kontrolle und er konnte nach Herzenslust ausprobieren, was seine Welt der Chemie und Physik hergab.

Zu Beginn des Frühjahrs bat Beate ihren Sohn, ihr bei der Gartenarbeit zu helfen. Er tat es unter der Voraussetzung, sein selbst gebautes Gartenwerkzeug einsetzen zu dürfen. Aus Holz, Steinen, Metallstücken und Seilen hatte er sich seine eigene Harke, Rechen und Schaufel konstruiert. Natürlich war die Arbeit damit mühsamer und langsamer als die mit konventionellen Gartengeräten. Beate fand es trotzdem klasse. Als die Nachbarin über den Zaun spähte und meinte: »Marc, die Sachen gehen ja gleich kaputt, nimm doch eine richtige Harke«, erwiderte Beate: »Na und, dann repariert er sie eben wieder.« Ich finde die Gelassenheit meiner Freundin fantastisch! Marc darf forschen und sich ausprobieren. Seine Mutter schenkt ihm Zeit und bei Bedarf die nötige Aufmerksamkeit. Noch nie habe ich von ihr gehört: »Das geht jetzt nicht. Ich habe keine Zeit«, oder »Beeil dich, ich komme zu spät!« Irgendwie schafft sie es mit ihrer Gelassenheit, alles in die richtigen Bahnen zu lenken.

GEFESSELTER SPIELTRIEB

Jeff Kinney, Erfolgsautor von »Gregs Tagebüchern«, beschreibt die Veränderung des Spiel- und Lebensraumes unserer Kinder in einem seiner Bücher sehr plastisch: »Bei meinen eigenen Söhnen stellte ich fest, dass ihr Kindergartenspielplatz auf fast groteske Weise sicher war. Um die einzige Rutschbahn wurde eine Fallsicherheitszone von zwölf Metern angelegt. Die Spielgeräte sind so niedrig, dass man schlimmstenfalls darüber stolpert – kein Vergleich zu den lebensgefährlichen Klettergerüsten in meiner Jugend. Deshalb habe ich es in meinem Buch völlig überspitzt gezeichnet: Alle Spielgeräte wurden entfernt und die Kinder stehen vor einem Sägespänen-Areal, das wie ein Gefängnis wirkt.«

Ich habe es nicht anders erlebt, als wir den Außenbereich unserer Schule jungenspielgerecht umgestalten wollten: Jeder Stein, jeder Zweig wurde genau unter die Lupe genommen, ob er vielleicht ein Gefahrenmoment darstellen könnte. Aus Sicht des Schulträgers ist diese Vorsicht verständlich. Es gibt eine Menge Sicherheitsauflagen, die eingehalten werden müssen. Wenn etwas passiert, ist der Träger in der Pflicht. Aber man könnte auch moderat Vorkehrungen treffen, damit keiner der Schüler verunfallt. Zu hinterfragen ist auch, welche Lobby hierbei Versicherungen haben. Je weniger Gefahrenquellen, desto weniger Unfälle – das halte ich für einen Trugschluss. Wer als Kind nie auf die Nase fallen durfte und aus seinen Erfahrungen lernen konnte, wird im späteren Leben Gefahren grundsätzlich unterschätzen.

JE WENIGER GEFAHRENQUELLEN, DESTO WENIGER UNFÄLLE? EIN TRUGSCHLUSS!

Auf jeden Fall stünde uns allen etwas mehr Gelassenheit gut zu Gesicht. Kinder sind schon immer auf Bäume geklettert und haben ungestüme Fangspiele auf Plätzen oder Wiesen gespielt. Ihnen alle Möglichkeiten zu nehmen, nur weil sie sich vielleicht verletzen könnten, ist nicht der richtige Weg.

Ich wünsche mir ein Umdenken bei den Eltern, den

Erziehern und den Lehrern, ebenso wie bei den Verantwortlichen, die die Infrastruktur ihrer Gemeinden und Städte planen: Gebt den Jungs ihre Freiheit zurück, um forschen, experimentieren und sich ausprobieren zu können. Sie brauchen keine gänzlich »risikofreie« Spielzone. Der Fußballplatz ist ein gutes Beispiel: Es gibt viel Freiraum, um den Bewegungsdrang auszuleben, um zu experimentieren und auszuprobieren. Es gibt aber auch klar erkennbare Spielfeldgrenzen: Bis hierhin und nicht weiter. Wo die Grenze erreicht wird, endet das Spiel und beginnt erst wieder neu im Rahmen der Spielfeldvorgaben.

EINE ANEKDOTE ZUM SCHLUSS

Es war Winter. Der erste Schnee war gefallen. Unser Hausmeister hatte fürsorglich die Schneemassen zu mittelgroßen Schneehaufen am Rande des Pausenhofes aufgetürmt. Unsere Rasselbande kam gerade aus der Mensa zurück und genoss das freie Spiel, bevor es zurück ins Klassenzimmer ging. Eine Gruppe Jungen hatte plötzlich eine spannende Frage: Was geschah mit dem Schneeberg, wenn man ihm ganz viel Tinte zuführte? Unter einem Vorwand gelang es zweien, ein Päckchen Tintenpatronen zu organisieren. Diese wurden nun wie kleine Raketen in den Schnee gesteckt und ziemlich gewaltsam geöffnet. Die blaue Soße ergoss sich über den so schön geformten Schneehügel. Kurz: Es war eine Riesensauerei. Positiv war: Die fünf »Attentäter« wurden rasch herausgefunden. Und ebenfalls positiv war: Sie drückten sich nicht vor ihrer Verantwortung. Freimütig gaben sie zu, sie wollten nur herausfinden, wie die Tinte mit dem Schnee reagierte. Das Strafmaß: Mithilfe von Schaufeln und in Absprache mit dem Hausmeister die Sauerei entsorgen und zwei Tage Hofdienst nach dem Unterricht. Womit ich nicht gerechnet hatte, war diese Reaktion: »Endlich, das wollte ich schon lange mal, mit der langen Greifzange den Müll vom Schulhof machen!« Er meinte das mit großer Unterstützung seiner Kollegen völlig ernst: Er wollte wahnsinnig gerne die Werkzeuge ausprobieren, die unser Hausmeister täglich benutzte. Was ich als Strafe ersonnen hatte, mündete in dem Angebot der Jungs: »Frau Steiner, dürfen wir das jetzt immer machen?« – »Ja, vorausgesetzt, ihr macht mir keine Tintensauerei mehr im Schulhof.«

Ich musste einsehen: Jungs sind kleine Forscher.

8. JUNGEN SIND GRENZGÄNGER

- WARUM FREIHEITEN UND GRENZEN ZUSAMMENGEHÖREN
- WARUM SICH JUNGEN REIBEN MÜSSEN
- WIE JUNGS KONTAKTAUFNAHME PLANEN

»Was mich antreibt, ist die Frage,
wie weit man gehen kann!«
(Sebastian Vettel, Formel 1-Rennfahrer)

GRENZEN SCHRÄNKEN NICHT NUR EIN

Wo Freiheit ist, muss es auch Grenzen geben. Beides gehört zusammen wie Yin und Yang. Nur durch Grenzen erhält Freiheit Struktur. Jungen brauchen klare Strukturen, um sich zurechtzufinden. Strukturen geben Orientierung.

Erste Klasse, Deutschunterricht: Die Kinder sitzen an ihren Plätzen und üben Buchstaben. Ohne Vorwarnung und Genehmigung steht Raphael auf, schlendert an seinen Schulkameraden vorbei, wischt dabei ganz beiläufig ein Mäppchen zu Boden, um sich dann ganz ungeniert den Spielsachen in der Ruheecke des Klassenzimmers zu widmen. Seine Klassenlehrerin ruft ihn mehrfach zurück. Raphael reagiert nicht. Er tut, als höre er sie nicht. Die Klassenkameraden beobachten das Schauspiel interessiert und sprachlos. »Raphael, komm jetzt sofort an deinen Platz zurück«, ruft sie erneut. Raphael legt den Kopf schief, die Augen zu schmalen Schlitzen zusammengekniffen. Er knabbert an der Unterlippe und wartet ab. »Was geschieht als Nächstes, wann *tut* sie endlich etwas?«, scheint er zu fragen. Mindestens noch dreimal ruft die Lehrerin ihn zur Ordnung. Die Klasse wird unruhig. Die Lehrerin dagegen wirkt hilflos in ihrer Untätigkeit. Raphael genießt seine Machtstellung. Endlich schreitet sie quer durchs Zimmer, nimmt den Jungen am Arm. »DU GEHST JETZT AUF DEINEN PLATZ ZURÜCK!«, befiehlt sie wütend. Raphael zuckt die Schultern. »Ok«, brummelt er völlig gelassen und setzt sich wieder. Er hat es geschafft! Er hat seine Lehrerin auf die Palme gebracht. Für eine gewisse Weile war er der Chef im Ring. Er wird es morgen wieder probieren, und übermorgen vielleicht auch. Es ist ein Machtspielchen, das Spaß macht. Das Beste ist: Er darf die Regeln mitbestimmen. Er bestimmt, wann genug ist. Je öfter er mit dieser Strategie Erfolg hat, desto mehr wird es sein Verhalten prägen.

JUNGEN MÜSSEN SICH REIBEN

Raphael ist ein lernbegieriger Bursche und probiert sein Disziplinspielchen auch bei der Sportlehrerin aus. Die Kinder sind in kleine Gruppen eingeteilt und beschäftigen sich an verschiedenen Stationen mit Ballaufgaben. Bereits nach der zweiten Station verlässt Raphael seine Gruppe und schlendert durch die Sporthalle, plaudert mit einem Mitschüler, schnappt sich den Ball eines anderen Kindes. Mit festen Schritten durchquert die Lehrerin den Raum und baut sich in voller Körpergröße vor Raphael auf. »Gelbe Karte, Raphael! Beim nächsten Mal ist der Sportunterricht für dich beendet und du gehst dich umziehen.« – »Ok«, Raphael trollt sich zu seiner Gruppe. Zehn Minuten später beginnt das Spiel von Neuem. Die Lehrerin reagiert sofort: »Rote Karte, Raphael. Umziehen!« Sie spricht ruhig, aber bestimmt. Ihr Arm weist den Weg zur Umkleidekabine. Mit hängendem Kopf verlässt Raphael den Raum. Sein

Trick hat nicht funktioniert. Die anderen Kinder atmen erleichtert auf und spielen munter weiter. Vermutlich wird er auch hier in einer der nächsten Stunden sein persönliches Ritual wieder probieren, vielleicht auch ein drittes oder viertes Mal. Wenn die Kollegin klug ist, wählt sie in den Folgestunden Inhalte aus, bei denen eine Ausgrenzung besonders schmerzlich für Raphael ist. Bei klarer Konsequenz, gepaart mit einem ernsten Lehrer-Schüler-Gespräch, wird das Kind seine Grenzen einsehen. Raphael ist definitiv eine »harte Nuss«. Er liebt es, bis zur Schmerzgrenze zu gehen. Gleichzeitig lernt er aber auch: Dieselbe Strategie funktioniert nicht in allen Lebenslagen.

Die Erkenntnis tut ihm gut, wenn die Personen, mit denen er zu tun hat, stets ein konsequentes Reaktionsmuster zeigen. Kompliziert wird es für den kleinen Mann, wenn ein und dieselbe Person unberechenbar reagiert, also mal durchgreifend, mal überfordert. Es ist enorm wichtig, dass der Pädagoge oder das Elternteil so häufig wie möglich beim Setzen von Grenzen ruhig und konsequent bleibt. Nur an konstanten Verhaltensweisen kann sich ein Kind orientieren.

Kinder gehen bei Konflikten unterschiedlich weit: Bei manchen genügt ein strenger Blick und sie fügen sich. Aber besonders Jungs haben echte Freude daran, Grenzen so weit es geht zu überschreiten. Je großzügiger wir unsere Grenzen am Anfang setzten, desto weiter können Kinder beim ersten Mal bereits gehen. Die Grenzen sukzessive enger zu ziehen ist später sehr viel schwieriger als zu Beginn den Toleranzradius eng zu ziehen, um dann später locker zu lassen.

Ein Kollege berichtet aus seiner Vertretungsstunde: »Ich wusste von der Klassenlehrerin, dass Ali oft lustlos an Aufgaben rangeht, die anderen Schüler ablenkt oder Blödsinn macht. Zum Glück sitzt er ja schon ganz vorn. Ich habe mich gleich zu Beginn der Stunde ganz dicht vor seinen Tisch gestellt. Als er sich zum ersten Mal umdrehen wollte, habe ich ihm auf die Schulter getippt und ihn kurz sehr böse angeschaut. Der ist vielleicht erschrocken! Danach gab es keine Probleme mehr.«

Das Verhalten von Kindern verstehen wir besser, wenn wir auch Einblicke in die häusliche Erziehung erhalten.

Raphaels Mutter war von Geburt an alleinerziehend und musste früh wieder zu arbeiten beginnen. Ihr Sohn kam in die Obhut seines Großvaters. Dem älteren Herrn war sein Enkel viel zu anstrengend, also ließ er ihn gewähren. Wollte Raphael nicht in den Kindergarten, blieb er zu Hause. Wollte er fernsehen, schaltete Opa den Fernseher ein. Wollte er Cola trinken statt Apfelschorle, bekam er sie. Der Eintritt ins Schulleben mit all seinen Regeln war für Raphael ein Schock. So versuchte er die Strategie, die er bisher erfolgreich ritualisiert hatte, aufs Neue anzuwenden. Es ist der Einsicht, vielleicht auch der schmerzlichen Erfahrung der eigenen Mutter zu verdanken, dass mit professioneller Erziehungshilfe weitergearbeitet werden konnte. Hätte Raphael frühzeitiger Grenzen erfahren, wäre ihm viel Reibung und wohl auch Kummer erspart geblieben.

Ali dagegen kommt aus einem anderen Kulturkreis. Seine türkische Mutter liest ihrem kleinen Prinzen jeden Wunsch von den Augen ab. Sie setzt ihm keine Grenzen.

Mit einer Engelsgeduld bemüht sie sich um sein Glück. Regeln werden zu Hause nur vom Vater gesetzt. Dieser ist jedoch selten daheim. Für Ali ist es besonders schwer, in einem neuen Umfeld – hier in der Schule – zu akzeptieren, dass es auch andere Frauenrollen gibt. Er lernt, dass in anderen Kreisen andere Regeln gelten. Er pendelt täglich zwischen verschiedenen kulturellen Ansprüchen. Wohin gehört er? Wo darf er sich zuordnen? Große Bewunderung schenkte ich seiner Klassenlehrerin. Sie wählte den Vater zu ihrem Hauptansprechpartner. In Augenhöhe mit ihm versuchte sie einfühlsam, Alis Problem darzulegen. Sie akzeptierte die andere kulturelle Einstellung und legte mit dem Vater kulturell übergreifende Erziehungsziele fest: Pünktlichkeit, Verlässlichkeit, Respekt und zunehmende Selbstverantwortung. Geschickt brachte sie es fertig, den Vater zu überzeugen, dass die Familie einen Teil ihrer erzieherischen Verantwortung an die Schule abgeben durfte. Ali durfte an drei Nachmittagen eine Lernförderungsgruppe besuchen. Wichtig: Seine Teilnahme war Pflicht. Über den Lernerfolg wollte sie wachen und Rückmeldung geben.

Jungs wollen mutig sein, sich und anderen imponieren, ihr Selbstwertgefühl stärken, und ihre körperlichen Grenzen spüren. Es ist Teil ihrer Entwicklung, der hilft, ihre Position in der Gruppe und in der Gesellschaft zu finden. Jungen haben die Vorsicht und Umsicht *nicht* mit der Muttermilch aufgesaugt. Im Gegenteil. Ihre hormonelle und physiologische Disposition macht sie zu diesen »Grenzgängern«. Es liegt in unserer Verantwortung, ihre Lebenssituation so zu gestalten, dass sie sowohl die gewünschten Freiheiten ausleben können als auch die nötigen Grenzen spüren und akzeptieren lernen.

Viele Eltern scheinen zu befürchten, dass konsequente Reaktionen mit der Liebe zum Kind nicht vereinbar sind. Dabei haben sie Angst zu strafen. Man muss die Strafe aber als Konsequenz sehen. Sie ist die logische Folge und Reaktion auf eine bestimmte – in unserem Falle nicht tolerierbare – Aktion. Wenn sie in sich logisch ist, ist sie für das Kind auch nachvollziehbar und kann von ihm akzeptiert werden.

LEIDER GLAUBEN VIELE ELTERN, DASS KONSEQUENTE REAKTIONEN UND DIE LIEBE ZUM KIND SICH AUSSCHLIESSEN.

Strafen haben leider oftmals keinen direkten Bezug zur Aktion und sind deshalb nur bedingt nachvollziehbar. Beispiel: Maxi bekommt Fernsehverbot, weil er sich nicht an die Vereinbarung hielt, dass nach der Kindersendung auf dem Kinderkanal um 16.30 Uhr ausgeschaltet werden muss. Die Strafe ist die richtige Konsequenz, weil sie sachlich mit Verfehlung zusammenhängt. Manuel hingegen bekommt Fernsehverbot, weil er seine kleine Schwester geärgert hat. Hier ist die Strafe nicht stimmig und deshalb keine Konsequenz aus der falschen Handlung, also dem Fehler, aus dem er lernen soll. Eine Konsequenz muss nicht unbedingt eine Bestrafung sein. Eine Strafe kann aber durchaus eine Konsequenz aus nicht tolerierbarem Verhalten sein.

Um zu verstehen, warum wir heute unseren Jungen zu selten Grenzen setzen, müssen wir uns mit den Erziehungsmethoden beschäftigen, die während der 68er-Bewegung aufgekommen sind. Doris Bischof-Köhler berichtete in einem Aufsatz zu geschlechtstypischem Verhalten über Untersuchungen, die die sogenannten Kinderläden der 68er-Bewegung einschließen. Leitgedanken der Kinderläden waren bewusst geschlechtsneutrale Erziehung mit antiautoritärem Gedankengut. Sie wollten die Kinder um keinen Preis zu aggressiver Konfliktbewältigung erziehen. Jede Einschränkung war tabu. »Kinder gewähren lassen, die werden schon!« – das war die Idee. Die Ergebnisse der Studie geben wahrlich zu denken: Wie erwartet, waren die Jungen in den traditionellen Kindergärten aggressiver im Spielverhalten als die Mädchen. In den Kinderläden aber war das aggressive Verhalten der Jungen ganz besonders ausgeprägt. Die Mädchen zogen sich zurück. Die Jungen dominierten.

Ganz offensichtlich waren die Grenzen für die Jungs viel zu weit gesteckt. Vermutlich überhaupt nicht vorhanden. Es gab nichts, woran sich die Jungs hätten orientieren können. Sie lernten nicht, mit ihren Emotionen umzugehen, weil man ihnen kein »Stopp« signalisierte.

In den letzten Jahren machte sich zunehmend in Kindergärten und Grundschulen die Klage breit, es fehle den Kindern immer mehr an Respekt und Anstand – völlig unabhängig vom Geschlecht. Vierjährige, die ihre Erzieherinnen anpöbeln: »Du hast mir gar nix zu sagen!« Siebenjährige, die ihre Lehrerin wütend im selben Wortlaut beschimpfen wie ihre Klassenkameraden und sich dabei auf ordinäre Ebenen begeben. Die Bedeutung der Wörter, die sie gebrauchen, können sie häufig nicht einmal erklären. Ich spare mir die entsprechenden Zitate an dieser Stelle. Meist haben sie ihre Ausdrücke auf der Straße oder bei älteren Schülern aufgeschnappt. Sie fühlen sich reifer und erwachsener, wenn sie es ihnen gleichtun. Wenn wir sie nicht in ihre Schranken weisen und ihre Ausdrücke und ihr respektloses Verhalten hinnehmen, woher sollen sie wissen, dass sie sich auf diese Weise »gesellschaftsunfähig« machen?

Kindern Grenzen aufzuzeigen, ist letztlich die einfachste Möglichkeit, ihnen Toleranz beizubringen. Grenzen müssen demnach nicht stets selbst erfahren werden, auch ein gutes Vorbild kann Grenzen verdeutlichen.

EINFACHSTE BEISPIELE FÜR GRENZÜBERSCHREITUNGEN

Ein achtjähriges Kind sollte die Grenze zwischen einem freundschaftlichen »Du« und einem formellen »Sie« lernen können. Dies gelingt, wenn auch die Eltern höfliche Umgangsformen pflegen und das eigene Kind immer wieder dazu anregen, die passende Anrede zu wählen.

Es gibt Kinder im Grundschulalter, die weder eigenständig grüßen noch sich höflich verabschieden oder sich gar entschuldigen. Niemand in der Familie hat es ihnen vorgelebt oder sie bewusst darauf hingewiesen. Im sozialen Umgang im schulischen Umfeld wird es aber verlangt. Ein mühsamer Lernprozess beginnt, denn die Denkstrukturen des Kindes sind bereits anders vorgefertigt.

In unserem Schulhaus bleiben ständig Jacken, Sportsachen oder Schuhe liegen. Anstatt zu Hause nachzuprüfen, wo die fehlenden Dinge abgeblieben sind und die Kinder mit in die Verantwortung zu nehmen, kaufen viele Eltern ohne nachzudenken teuer und neu ein. Wie sollen die Kinder denn da lernen, auf ihre Sachen Acht zu geben? Die Dinge wertzuschätzen?

Es gibt Kinder, die auch mit acht Jahren ihre Schuhe nicht binden können. Klettverschlüsse machen es ja so viel einfacher. Dabei ist Schuhe-binden-Lernen eine gute Möglichkeit, um die Feinmotorik zu schulen. Ein Vater erzählte mir einmal beiläufig, sein Sohn könne deshalb schon lange die Schuhe binden, weil dies Bedingung für die Aufnahme ins Fußballteam war. Mit einem klaren Ziel vor Augen wurde täglich geübt, mit und ohne Unterstützung. Auch Bedingungen können Grenzen sein.

GENERATION GRENZENLOS

Fangen wir an zu rechnen, so stellen wir fest, dass die Eltern der heutigen Schülergeneration Kinder der 70er-Jahre sind. Sie sind in einer Zeit aufgewachsen, in der Grenzenlosigkeit ein Synonym für persönliche Freiheit war. Ist das einer der Gründe dafür, dass unsere Kindergarten- und Schulkinder oftmals die Wertschätzung von Respekt und Disziplin noch nicht gefunden haben, weil bei der Erziehung ihrer Eltern kein Wert darauf gelegt wurde?

Wer selbst Dinge nicht gelernt hat, kann sie nur schwerlich überzeugend weitergeben. Somit ist das ganze »Jungenproblem« auch ein gesellschaftspolitisches Problem: Wenn wir insgesamt wieder Werte wie Respekt, Pünktlichkeit, Ordnungssinn, Leistungsbereitschaft, Höflichkeit, Selbstdisziplin als erstrebenswert und leitend anerkennen würden, fiele es uns leichter, Grenzen in unserer Erziehung aufzuzeigen. Viele würden diese Werte »konservativ« nennen. Ich nenne diese Werte lebensnotwendig. Außerdem decken sich alle diese Werte mit (angeblich) progressiven Werten: Respekt ist etwas für jeden, und jeder will pünktlich sein Gehalt überwiesen bekommen.

Es gibt eine Vielzahl an Beispielen, die die Misere beschreiben. Oft sind es die alltäglichsten Situationen, in denen wir versäumen, unseren Jungen Grenzen zu setzen: Eine junge Mutter schiebt suchend ihren Einkaufswagen durch die Gänge des Supermarktes. Ihr Sprössling sucht seinen eignen Weg und findet in den Regalen ein Sortiment Star Wars-Karten. Die Motive auf den Karten sind zum Fürchten scheußlich, aber der Junge ist begeistert davon, denn einige seiner Spielkameraden haben sie auch und benutzen sie für Tauschaktionen und Wettbewerbsspiele. Er greift sich ein Päckchen und schlendert zu seiner Mutter zurück. »Mama, guck, die will ich.«

»Nein, leg sie zurück.«

»Ich will die aber, David hat sie auch und alle anderen auch.«

»Nein, leg sie zurück!«

»Ich will aber!«, greint der Kleine. Der Schlagabtausch geht noch ein paar Runden. Endlich ist die junge Mama so genervt, dass sie klein beigibt. Der Junge jubelt innerlich. Er hat das Spielchen gewonnen. Grenze überschritten. Das nächste Mal wird er versuchen, zwei Päckchen zu ergattern.

Einige Mütter stehen mittags schwatzend auf dem Pausenhof. Ihre Sprösslinge haben längst keinen Unterricht mehr und abwartend neben der Mutter zu stehen ist langweilig. Also spielen sie Fangen. Der Platz auf dem Pausenhof wird bald uninteressant. Sie stiefeln durch die frische Rabatte. Kleine Pflänzchen werden zertrampelt, Zweige brechen. Die Mütter plaudern ungestört weiter. Schließlich bahnt sich der Hausmeister seinen Weg zu den Kindern: »Geht ihr wohl endlich aus der Rabatte raus! Ihr macht ja alle Pflanzen kaputt.« Die Kinder halten inne. Schauen zu ihren Müttern. Diese wirken erstaunt. Fast trotzig ruft eine ihren Sohn zu sich. »Komm, wir müssen jetzt eh nach Hause fahren.« Kein Wort einer Entschuldigung, keine Erklärung, kein nettes Wort an den Hausmeister. Das Vergehen wird einfach ignoriert, nicht geahndet.

Ein Junge der zweiten Klasse macht noch immer Probleme im Unterricht. Trotz Ermahnungen und positiver Verstärkung, bei der ausdrücklich eine Belohnung oder ein gutes Resultat in Aussicht gestellt wird, schafft er es nicht, sich zurückzunehmen. Wenn er etwas sagen will, so tut er es – ohne Handmeldung ruft er dazwischen. Er verlässt auch seinen Platz, nur um die Lehrerin am Ärmel zu zupfen: »Du, ich habe da eine Frage.« Eines Tages traf ich seinen Vater, der den Sohn gerade in sein Auto einstiegen ließ. Der Vater grüßte freundlich. Wir begannen ein Gespräch. Dieses Gespräch wurde mindestens drei Mal von seinem Sohn unterbrochen: »Du, Papa, weißt du was ...« Jedes Mal unterbrach sich der Vater mitten im Satz, ließ mich ohne eine Entschuldigung stehen und hörte dem belanglosen Geplapper seines Sohnes zu. Er nickte freundlich, sagte etwas Nettes und wandte sich wieder mir und unserer Unterhaltung zu, bis ich bei der wiederholten Unterbrechung durch seinen Sohn ein Machtwort sprechen musste: »Dein Vater und ich haben jetzt gerade eine Erwachsenenunterhaltung. Solange bist du bitte ruhig und wartest ab.« Der Vater lächelte beschämt. »Wissen Sie, so ist das zu Hause auch immer.« Ich gab ihm den Rat, die Regel aufzustellen: Wenn wir Erwachsenen, also zum Beispiel Mutter und Vater, sich unterhalten, wartest du ab, bis das Gespräch beendet ist. »Zeigen Sie ihm Grenzen auf.« Nach einigen Monaten verzeichnete die Klassenlehrerin erste Erfolge: Der Junge plapperte tatsächlich nicht mehr ständig dazwischen.

Der Klassenlehrerin einer ersten Klasse fiel auf, dass ein Junge jeden Morgen ziemlich müde in den Unterricht kam. Es kam vor, dass er sich nach zwei Stunden einfach in die Ruheecke zurückzog und auf die Matratze legte. Die Lehrerin lud die Mutter zum Gespräch. Nein, Schlaf bekam ihr Sohn genug. Sie schickte ihn jeden Abend frühzeitig zu Bett. Er ginge auch ganz freiwillig. Was sie nicht wusste: Der kleine Sebastian ging deshalb so gerne zu Bett, weil er dann unkontrolliert SEINEN Fernseher anmachen konnte. Dort schaute er wohl fern, bis ihm die Augen zufielen. Seine Eltern lebten in dem irrigen Glauben, er schliefe brav.

Grenzen setzen und Verbote auszusprechen ist anstrengend, weil man dann auch kontrollieren und gegebenenfalls Konsequenzen ziehen muss. Manche Eltern, aber auch Erzieher und Lehrer finden das schlichtweg zu anstrengend. Eltern haben auch Angst davor. Sie sind selbst im Beruf eingespannt und haben sowieso nur wenig Zeit für ihre Kinder. Das schlechte Gewissen plagt. Ich habe mein Kind so selten um mich herum, wie kann ich dann ständig Verbote aufstellen? Mütter und Väter haben Angst vor dem Verlust der Zuneigung ihrer Kinder. Sie vertrauen nicht der natürlichen Zuneigung, die sich allein schon aus ihrer Beziehung zum Kind ergibt. »Die Welt eines Kindes sind die Eltern«, sagt ein afrikanisches Sprichwort. Genau deshalb haben Eltern eben auch den größten Einfluss und die besten Voraussetzungen, um ein Kind zu erziehen. Zur guten Entwicklung eines Kindes, zur guten Entwicklung eines Jungen, gehören die liebevoll gewährten Freiheiten, aber ebenso die konsequent festgelegten Grenzen.

ZUR GUTEN ENTWICKLUNG EINES KINDES GEHÖREN LIEBEVOLL GEWÄHRTE FREIHEITEN *UND* GRENZEN.

Fernsehen, Computernutzung, Spielekonsolen und andere Medien üben eine unglaubliche Faszination auf Jungen aus. Sie zu verteufeln und gänzlich zu verbieten macht keinen Sinn und wäre realitätsfremd. Aber es ist unumgänglich, den Umgang damit zu begrenzen – mit klaren Regeln und Zeitlimits. Diese wiederum machen nur Sinn, wenn man auch kontrolliert und eventuelle Konsequenzen nachzieht. Kinder verhalten sich nicht anders als ihre Eltern im Straßenverkehr: Was nützt ein Parkverbot, wenn ich mein Auto dennoch ungestraft dort abstellen kann? Vor unserem Schulhaus spielen sich fast täglich zu Schulbeginn und Schulende unerträgliche und gefährliche Szenen ab: Eltern, die frech im absoluten Halteverbot stehen. Eltern, die ihre Kinder zur verkehrsträchtigen Hauptstraße hin ein- und aussteigen lassen. Eltern, die täglich ihre Grenzen überschreiten. Sie wissen um die Verbote – und tun es trotzdem. Schlechte Vorbilder können nicht glaubwürdig Grenzen bei ihren Kindern einfordern.

Umso schwerer ist es dann für Erzieher und Lehrer, bei Spiel und Unterricht die Balance zu halten aus Freiheit geben und Grenzen setzen, denn viele der Kinder sind diese Grenzen einfach nicht gewohnt.

Zu Beginn der ersten Sportstunde in der ersten Klasse versammelte ich die Schar um mich, um sie mit meinen Handzeichen vertraut zu machen. Optische Signale schonen die Stimme und die Stimme ist noch immer ein wertvolles Medium eines jeden Lehrers. Ich formte mit der rechten Hand ein Mäuschen. »Wer weiß, was das bedeutet?« Die Hände schnellten zur Wortmeldung nach oben. Noch bevor ich ein Kind aufrufen konnte, platzte ein Schüler heraus: »Das ist eine Maus: Mund zu, Ohren spitzen.« Ich schob missbilligend die Lippen vor: »Melde dich bitte, nicht dazwischenrufen!« Ich rief ein anderes Kind auf, das brav wiederholte, was sein Klassenkamerad bereits richtig sagte. Damit gab ich mich zufrieden. Die Spielzeit begann. Um das Ende der Spielzeit zu signalisieren, streckte ich meine »Mäuschenhand« in die Luft, dabei positionierte ich mich so, dass mich möglichst viele Kinder gut sehen konnten. Aber nichts geschah. Die Kinder spielten munter weiter. Geduldig harrte ich aus: Eine Minute, zwei, gefühlt eine halbe Stunde! Die Kinder ignorierten mich komplett. Ich war irritiert, dann wütend. Weshalb reagierten die Kinder nicht auf mein Handzeichen? Sie kannten es doch! Ja, das war mein Trugschluss: Sie kannten es, aber sie waren es nicht gewohnt, darauf zu reagieren. Es hatte ihnen noch niemand beigebracht.

Ein zäher Lernprozess begann. Ein lautes Pfeifsignal ließ die Klasse zusammenzucken. Ich nutzte die Gunst der Aufmerksamkeit, um sie zu mir zu winken. Im Gesprächskreis wurde nun zuerst thematisiert, weshalb ich dieses Ruhesignal einsetzen möchte und welchen Vorteil es für die Kinder hatte. Schließlich einigten wir uns auf eine neue Abmachung: Wenn ich sie zu mir rufen möchte, halte ich die Hand hoch und zähle laut rückwärts von fünf bis eins zurück. Wer schafft es, am schnellsten bei mir zu sein? Der kleine Wettbewerbsanreiz funktionierte tatsächlich: Die bewegungsmotiviertesten Jungs waren stets die schnellsten.

Ähnlich mühsam ist es, einer neuen Lerngruppe beizubringen, leise und ohne zu rennen die Räume im Schulhaus zu wechseln. Die Gründe für diese Regel liegen auf der Hand. Tobende, rennende Kinder stören andere Klassen, die gerade konzentriert arbeiten sollen, und wer um die Ecken prescht, läuft Gefahr, über Gegenstände zu stolpern oder mit anderen Leuten zusammenzustoßen. Brav in Zweierreihen zu gehen, verlangt Selbstdisziplin und fällt Kindern, die gerade über einen längeren Zeitraum still sitzen sollten, besonders schwer. Trotzdem gilt: Die Regel steht, ist sinnvoll und muss eingehalten werden.

Können Sie sich vorstellen, wie unbefriedigend es für eine Lehrerin ist, die eine abwechslungsreiche Bewegungsstunde geplant hat und sich selber darauf freut, wenn sie die Kinder zweimal, dreimal oder öfters zurückrufen muss, weil sie eben wieder wie die Wilden durch die Gänge sausen? Die »Übung« ist zäh, zeitaufwendig, energieraubend – aber doch unglaublich wertvoll, wenn wir wollen, dass sich die Kinder langfristig an Grenzen halten.

Mit derselben Penetranz sollte Erziehung auch zu Hause funktionieren. Wenn Sie wollen, dass Ihr Sohn lernt, seine Dreckstiefel VOR der Wohnung abzustellen, dann müssen sie es so lange ahnden, bis es funktioniert. Und wenn es funktioniert, schadet ein kleines Lob auch nicht.

Wenn Sie möchten, dass Ihr kleiner »Raubritter« pünktlich ins Bett geht, dort auch bleibt und brav einschläft, dann müssen Sie ihn vielleicht zehnmal konsequent wieder zurückschicken, wenn er immer wieder aus dem Bett krabbelt und greint: »Ich kann nicht schlafen!«

KONTAKTAUFNAHME BEI JUNGS

Jungen suchen ihre Grenzen auch körperlich. Sie scheinen sich spüren zu müssen. Sie lieben es, sich zu balgen, und wenn kein gleichaltriger Kamerad zur Verfügung steht, müssen häufig ältere Geschwister oder Väter herhalten.

Beim Balgen und Raufen loten sie nicht selten ihre Schmerzgrenze aus. Wie Löwenbabys ziehen sie sich gegenseitig von den Füßen. Da kommt es zu manchem blauen Fleck oder mancher blutigen Nase. Für uns Erwachsene, besonders für uns Frauen, ist es nicht immer leicht einzuschätzen, wann wir eingreifen sollten. Die meisten Kämpfchen jedenfalls sind ungefährlich und dienen tatsächlich dem Kräftemessen. Die Idee, Kämpfen und Raufen – mit klaren Regeln – zum Unterrichtsgegenstand zu machen, halte ich deshalb für ausgesprochen gut. Ebenso sinnvoll wie beliebt bei Jungen sind Kampfsportangebote wie Judo oder Ringen. Innerhalb klar definierter Regeln messen die Jungen ihre Kräfte: Dabei lernen sie, dass jede Kampfkunst zu Verteidigungs- und nicht zu Angriffszwecken trainiert wird.

SCHMERZLICHE REALITÄT

Im Fokus meines Buches stehen Jungs vom Kindergartenalter bis zum Ende des Grundschulalters. Aber aus kleinen Jungs werden – für viele Eltern überraschend schnell – pubertierende Jugendliche. Die Geschichte der Jugendrichterin Kirsten Heisig berührte mich sehr. Konfrontiert mit brutaler krimineller Energie entschied sie, den Wiederholungstätern nicht mit Herzenswärme, sondern mit Härte zu begegnen. Sie setzte das Neuköllner Modell durch und wollte den Tätern durch Strenge und Konsequenz klare Grenzen aufzeigen. Doch Bürokratie und mangelnde Unterstützung machten ihr ihren Job schwer: Sie nahm sich das Leben. Darf das unser Ziel sein? Wir erziehen unsere Jungen zu Menschen ohne Bewusstsein für deren Grenzen, damit sie später in unkontrollierten Gewaltorgien enden?

Gewaltprävention muss schon sehr viel früher ansetzen: in der Kindertagesstätte, im Kindergarten und in der Schule. Junge Menschen – besonders Jungs – muss dabei durch Grenzziehung aufgezeigt werden, dass sie sich in unsere Gesellschaft eingliedern müssen. Die Wahrung der körperlichen Unversehrtheit anderer Menschen ist oberstes Gebot und muss mithilfe eindeutiger Strukturen vermittelt werden: Freiräume, um die eigene Identität zu finden, und Grenzen, um den Identitäts- und Freiheitsanspruch des anderen zu wahren.

Damit dies gelingt, bedarf es transparenter Regeln, sicherheitsspendender Rituale und Konsequenzen.

9. JUNGEN BRAUCHEN FÜHRUNG

- WARUM JUNGS TEAMPLAYER SIND – ABER ZU IHREN KONDITIONEN!
- WARUM AUCH PIRATEN REGELN HABEN
- WARUM DISZIPLIN ZU GUTER FÜHRUNG GEHÖRT

Freitag, später Nachmittag. Ich stehe im Stau. Meine Ungeduld wächst. Ich suche nach Ablenkung. Meine Blicke wandern unruhig über das Steuerrad, orientieren sich einmal rechts, einmal links. Überall stehende Autos. Da klingelt mein Handy. Endlich eine Chance, der Stau-Lethargie zu entfliehen. Ich gehe ran.

»Hallo Frau Steiner. Entschuldigen Sie bitte, dass ich Sie auf ihrem Handy anrufe. Aber es ist wirklich ganz wichtig!« Eine Mutter, deren beiden Söhne meine Schule besuchen! Ich erkenne Frau Fröhlich an ihrer Stimme: Sie peppt mit ihren erfrischenden Ideen immer wieder unseren Schulalltag auf. Weil ich auf dem Weg zu einer Tagung in Stuttgart bin, konnte Frau Fröhlich mich in der Schule nicht mehr erreichen. »Die Schule brennt? Wir haben die Vogelgrippe?«, frage ich lachend.

»Nein, nein, es geht um meinen Kleinen – da ist heute in der Pause etwas ganz Schlimmes passiert.« Ich stutze. Plötzlich fließt der Verkehr wieder und ich verspreche Frau Fröhlich, sie bald zurückzurufen.

Eine Stunde später erfahre ich mehr. Während der zweiten großen Pause am Vormittag, der Bewegungspause, hat es eine heftige Auseinandersetzung zwischen den Jungen der vierten und der ersten Klasse gegeben.

Die Jungen der vierten Klasse waren Star Wars-Fans. Sie spielten die Handlung der animierten Fernsehserie nach. Auf dem Schulhof wurde mit fiktiven Laserschwertern gekämpft und geschossen, was das Zeug hält. Für uns Lehrer hatte sich die Spielhandlung noch nicht ganz erschlossen. Auf jeden Fall kämpften die Guten gegen die Bösen und meistens siegte das Gute gegen das Böse. Ihr Spiel war derart raumfordernd, dass die anderen Kinder schon mal flugs das Weite suchen. Nun gab es aber auch kleinere Kinder, ausschließlich Jungs, die sich gerne in dieses Spiel einbringen wollten. In diesem Falle die kleinen Erstklässler. Die Version der Mutter lautete so: Die Erstklässler wollten nur mitspielen, aber das haben die Großen nicht zugelassen. Einer von ihnen hatte ihren kleinen Sohn böse von den Beinen gefegt, und als dieser hilflos am Boden lag, sei sein Bruder, ein Drittklässler, sofort zur Stelle gewesen, um ihn zu beschützen. Aber dann seien vier (!) Viertklässler auf ihn losgegangen! Das wäre ja wohl unglaublich feige und gemein. Sie wollte die Jungs sofort zur Rede stellen.

Aus ihrer Perspektive war ihre Sorge vermutlich berechtigt. Wenn Stärkere Schwächere unter Druck setzen und verletzen, ist das unverzeihlich und schreit nach Konsequenz. Ich musste trotzdem erst einmal die Version der Kinder hören. Ich war schon gespannt, wie kompliziert die Star Wars-Front die Sache sah. Für die Jungen sah das Ganze vermutlich völlig anders aus. Ich plauderte noch ein Weilchen mit ihr und versprach, gleich am Montag ein »Krisengespräch« mit allen Beteiligten einzuplanen. Dankbar legte sie auf.

Ich bereitete mich auf das Gespräch vor. Wichtig war, unvoreingenommen und neutral an die Sache heranzugehen. Ich kannte meine Pappenheimer und vertraute ihnen. Sie waren gelegentlich recht wild, aber im Grunde ganz liebe Kerle. Besonders die Viertklässler waren ein eingeschworenes Team. Die meisten von ihnen spielten in derselben Fußballmannschaft. Sie stritten sich manchmal mit hochroten Köpfen, dann vertrugen sie sich wieder. Der eine neigte zur Hitzköpfigkeit, der andere konnte besänftigen, der dritte, eher klein von Statur, setzte sich stets für die Schwächeren in seinem Team ein. Jeremy war das Strahlekind, bei allen beliebt, ohne sich in den Mittelpunkt zu rücken. Lukas übernahm meist die Führung und heckte aus, was es auszuhecken gab. Seine Dominanz wurde ihm bereits zum Verhängnis. Er wurde als Klassensprecher abgewählt, weil er seine eigenen Interessen zu sehr in den Vordergrund spielte. Damals akzeptierte er die Entscheidung seiner Mitschüler grinsend. Kurz: Die Jungen waren ein richtiges Team mit klarer Rollenverteilung. Zusammen unschlagbar – von außen unnahbar.

Genau das schien das Problem für die Kleinen gewesen zu sein: Da sausten diese großen Viertklässler über den Pausenhof und spielten ein faszinierendes Spiel. Sie wollten dabei sein. Aber wie könnte das gelingen? Wie schafft man es, von den Großen akzeptiert und eingeladen zu werden?

Ich wollte die beiden Gruppen zuerst eine nach der anderen zu Wort kommen lassen. Danach würde ich versuchen, noch einmal in meinen eigenen Worten zu wiederholen, was mir die beiden Parteien gerade erzählt hatten. Danach ging es darum, das Problem zu benennen und *gemeinsam* eine Lösung zu finden.

Das Wichtigste an meiner Schlichtungsrolle war, den Jungen das Gefühl zu geben, dass ich sie als Gesprächspartner ernst nahm. Ich begann nicht mit einer Standpauke, sondern mit einer aufmerksamen Befragung. Ich stellte in unserem Gruppenraum die nötige Anzahl Stühle in einem Kreis auf. Es klopfte zur vereinbarten Zeit an der Tür. Die Jungen kamen alle gleichzeitig. Die Wichtigkeit stand ihnen ins Gesicht geschrieben. Fünf Viertklässler, drei Erstklässler und Marco Fröhlich mit Julian aus der dritten Klasse im Schlepptau. »Frau Steiner, ich habe Julian auch mitgebracht. Er hat mich unterstützt.« Julian wartete zögernd ab, bis ich ihm mein Einverständnis gab. Dann nahmen die Jungs Platz. Trotz der vier Jahre Altersdifferenz unterschieden sich die Jungen kaum in ihrer Gestik, Mimik und der Art, wie sie Platz nahmen. Ich bemerkte jedoch sehr wohl, dass bei den Kleineren alles etwas zeitverzögert umgesetzt wurde, so, als beobachteten sie die Älteren. Sie waren bestrebt, es ihnen völlig gleich zu tun. Wir vereinbarten vorab unsere Gesprächsregeln, dann ging es los. Nico Fröhlich, dessen Mutter sich so vehement für ihn eingesetzt hatte, sprach als Erster: ruhig, mitteilsam und völlig angstfrei. Ich lächelte. Das sollte eines meiner nachhaltigsten »Krisengespräche« mit männlichen Streithähnen sein.

Was war wirklich geschehen? An diesem Freitagmorgen hatte sich die kleine Gruppe Erstklässler entschieden, in das Spiel der Größeren einzugreifen. Damit das ganze Spiel an Realitätscharakter gewann, verabredeten sie, ihre gespitzten Bleistifte mit auf den Pausenhof zu nehmen. Bleistifte so spitz und gefährlich wie Laserpistolen! Damit sausten sie ständig den Großen hinterher – und gingen ihnen dabei ziemlich auf die Nerven. Es störte deren ritualisiertes Spiel erheblich. Irgendwie wurden sie die kleine Rasselbande nicht los. Die wiederum versuchte eine neue Strategie, um ins Spiel zu kommen: Sie begannen, die Großen mit ihren Bleistiften in die Arme und Beine zu pieksen, bis Lukas der Geduldsfaden riss. Er entwand dem kleinen Nico den Bleistift und piekste zurück. Nico schrie, seine Kameraden stürzten sich mannesmutig auf

Lukas. Lukas erhielt sofort Unterstützung seiner Mannschaft. Einer für alle, alle für einen!

Marco nahm nur seinen heulenden Bruder war und stürzte sich auf Lukas. Der fiel und drei seiner Freunde nahmen Marco sofort in den Schwitzkasten. Ihren Freund retten aus höchster Not – das war das Ziel. Just zu diesem Zeitpunkt griff ein Lehrer ein und wies alle Beteiligten in die Schranken. Der Pausengong beendete das Intermezzo. Die Jungs zogen sich in die schützenden Refugien der Klassenzimmer zurück.

Konnten die Jungen selbst erklären, wieso es zu diesem unerfreulichen Spielende kam? Ja, sie konnten! Einer nach dem anderen, der sich zu Wort meldete, analysierte das Geschehene. Sie blieben dabei erstaunlich wertfrei. Sie waren tatsächlich in der Lage, nachzuvollziehen, welche Bedürfnisse die einzelnen Gruppen hatten und wo die unsichtbaren Grenzen überschritten worden waren. Die Kleinen hatten sich ungefragt auf ein fremdes Terrain begeben. Die Großen reagierten darauf zunächst mit nachsichtiger Ignoranz, später mit offener Aggression. Beide Gruppen hatten versucht, ihre eigenen Spielregeln durchzusetzen. Es musste früher oder später zur Konfrontation kommen.

An dem Beispiel erkennt man wunderbar, in welchen Strukturen sich Jungen gerne aufhalten:

- Sie wollen Gruppenzugehörigkeit: Dabei sein ist alles.
- Sie lieben klare Strukturen und Hierarchien: Jeder hat in der Gruppe seinen Platz.
- Sie stehen füreinander ein: Sie sind schließlich ein Team.
- Sie schaffen sich Regeln: Diese bieten Orientierung.

- Sie entwickeln Rituale: Auch diese geben Sicherheit.
- Sie akzeptieren Führung oder suchen einen Anführer.

Mädchen ticken in Konfliktsituationen völlig anders. Weil ihre Gruppenhierarchien meist flacher sind, streiten sie eher auf Augenhöhe. Sie suchen auch nicht zwingend eine führende Hand, sondern sie wollen mit überzeugenden Worten den Ausgang einer Situation entscheiden. Zu Handgreiflichkeiten kommt es viel seltener. Sie beschränken sich im Ernstfall auf Beleidigungen oder grenzen aus – was schlussendlich nicht weniger verletzend, dafür aber weniger spektakulär ist.

Wie ging es nun in unserem Fall weiter? Nachdem sich die beiden Parteien erstaunlich unaufgeregt ausgetauscht hatten und die Erklärung für ihr Verhalten greifbar war, lud Pascal, unser »Schlichterkind«, zu einer Entschuldigungsrunde per Handschlag ein. Die Jungen standen tatsächlich auf und gaben sich die Hand – genauso wie Fußballer nach einem entscheidenden Länderspiel. Ihre Vereinbarung:

- Wer mitspielen will, hat vorher zu fragen.
- Ein Nein ist zu akzeptieren.
- Grundsätzlich ist es ein Beweis von Größe, auch Jüngere mitspielen zu lassen. Das wollten auch die Viertklässler akzeptieren.

Und die Konsequenz lautete: Ein zur Situation passender Teil der Schulordnung muss abgeschrieben werden, samt Unterschrift aller Kampfhähne.

Weder die Vereinbarungen noch die Konsequenzen wurden von mir vorgeschrieben. Beides haben sich die

Jungen selbst auferlegt. Das machte mich stolz und ich grinste unbemerkt, als die Truppe einhellig den Raum verließ. Lukas legte Nico seinen Arm um die Schulter und flüsterte: »Na, geht doch.« Dankbar blickte Nico zu seinem großen Freund auf.

Den rational-analytischen Umgang muss man üben. Zeigt man den Jungs, dass es in einer neutralen Atmosphäre möglich ist, gemeinsam Problemlösungen zu erarbeiten, erkennen sie, dass man auf Eskalationen verzichten kann. Ja, dass es sich sogar viel besser anfühlt, wenn man Aggressionen überwindet und sich mit einem Händeschütteln trennt. Sobald wir Erwachsenen uns aber voreilig mit einer Basta-Haltung einmischen, ohne zuzulassen, dass das Problem reflektiert wird, nehmen wir den Kindern die Chance, selbst eine Strategie im Umgang mit Problemen zu erlernen. So bleiben eigene Erfolge im sozialen Umgang leider aus. Unsere Einmischung muss Raum für Denkprozesse lassen. Das ist wichtig, denn sobald wir »auf die Schnelle« die Dinge richten, verdonnern wir die Kinder zu einem allzu passiven Lernen. Da ist es sinnvoller, die Streitparteien zusammenzuführen und zur unaufgeregten Auseinandersetzung zu motivieren.

SCHLUSS MIT DER BASTA-ERZIEHUNG! JUNGEN MÜSSEN ÜBER IHRE AGGRESSIONEN IN RUHIGER UND NEUTRALER ATMOSPHÄRE REFLEKTIEREN DÜRFEN.

Leider trauen viele Erwachsene Kindern die Leistung, selbst Probleme zu lösen, nicht wirklich zu. Das ist fatal und hemmt sie in ihrer psychischen Entwicklung. Die

Mutter, so sympathisch sie mir auch war, hat zu subjektiv reagiert. Ich kann das zwar nachvollziehen, aber auch Mütter müssen einen höheren Anspruch haben, als einfach nur Anwälte ihrer Kinder zu sein! Mütter müssen nicht nur die Interessen des Kindes vertreten, sondern die Kinder auch zur Einsicht in eigene Fehler anleiten. Auch wenn auf den ersten Blick immer die anderen die »Bösen« sind, muss man einen Weg finden, sie zu verstehen. Sie kannte nur einen Teil der Wahrheit und glaubte, die volle Wahrheit zu kennen. Gut war, dass sie sich mir anvertraut und nicht, wie leider zu oft üblich, Selbstjustiz geübte hatte. Die Jungs bewiesen in der Konfliktlösesituation, dass sie nur einen Anstoß und das richtige Setting benötigten, um ihren Streit aus eigener Kraft zu schlichten.

KÄSTNER WUSSTE, WIE WICHTIG FÜHRUNG FÜR JUNGEN IST

Erich Kästner beschreibt im »Fliegenden Klassenzimmer« schon 1933 sehr anschaulich, humorvoll und lebensnah, wie Jungengruppen funktionieren. Geschildert wird eine Gruppe von Gymnasiasten in einem Internat. Gemeinsam erleben sie spannende Abenteuer im Rahmen vorgegebener Internatsstrukturen, aber sie haben auch einen erstaunlich hohen Grad an Bewegungsfreiheit. Die Rollen in der Jungenclique sind eindeutig verteilt: Martin, der kluge und überlegte Kopf als Gruppenführer, Matthias, der starke und immer hungrige Freund, der kleine Uli, der an seiner Ängstlichkeit leidet und Matthias sehr bewundert und Johnny, der Künstler. Jeder bringt seine

Kompetenzen ein und wird dafür von den anderen respektiert. Gemeinsam sind sie erfolgreich. Nicht ganz so gefestigt sind die Gruppenstrukturen bei den verfeindeten Realschülern, was darin endet, dass Egerland seine Konsequenz zieht: »Dann macht, was ihr wollt, und sucht euch einen anderen Anführer.«

Ebenso beeindruckend finde ich, wie Kästner die Lehrer beschreibt. Völlig gelassen reagiert der Deutschlehrer, als ihm gebeichtet wird, dass die Diktathefte verbrannt sind. Die Konsequenz folgt dennoch auf dem Fuß in Form eines klärenden Gesprächs mit dem Direktor Dr. Bökh, dessen emphatisches Verständnis die Jungs sprachlos macht. »Für diesen Mann da oben lass ich mich, wenn's sein muss, aufhängen«, sagt Matthias.

Kästner beschreibt nicht nur auf seine eigene, lesenswerte Art, wie Jungen lernen, miteinander umzugehen. Er hält auch Ratschläge für uns Erwachsene bereit: Empathie und Vertrauen in ihre wachsenden Fähigkeiten sind die Basis der Erziehung. Dann gelingt auch das Loslassen-Können. Der Einfluss von uns Erwachsenen darf durchaus vorhanden, aber nicht penetrant spürbar sein. Bei aller Freiheit suchen die Jungen nach der Grenze, dem Stoppsignal oder dem Leitbild. Konsequenzen werden von Jungs, die eine schwierige Situation alleine nicht bewältigen können, geradezu erleichtert angenommen. Ja, der Respekt vor der erwachsenen Beziehungsperson vergrößert sich sogar. Kästner zeigt uns, dass Jungen sowohl Führung in ihren eigenen Reihen als auch in den Reihen der Erwachsenen brauchen. Sie akzeptieren Führung mit Begeisterung, wenn der entsprechende Erwachsene sich als gutes Leitbild bewährt.

Ein anderes literarisches Beispiel für die Sehnsucht nach Führung bei Jungen hat leider kein Happy End. Im »Herr der Fliegen« von William Golding stürzt eine englische Gruppe von sechs- bis zwölfjährigen Jungen mit dem Flugzeug ab. Die Jungen retten sich auf eine unbewohnte Insel. Einige Kinder kommen aus einer Eliteschule und haben bereits einen festen Anführer: Jack. Die anderen, zunächst ein loser Haufen, schließen sich auch zu einer Gruppe zusammen: Ralph wird zum Anführer gewählt. Von Anfang an herrscht Rivalität zwischen den Gruppen. Jack, sehr aggressiv, bevorzugt Spaß, Action und die Jagd. Ralph möchte Hütten bauen und Ordnung in die Gruppe bringen. Aus Bewunderung und Angst laufen immer mehr Kinder zu Jack über, der seine Machtstellung ausnutzt und sogar zum Töten aufruft. Das rettende Schiff bringt nicht mehr alle Kinder lebend nach Hause.

Die Geschichte beschreibt erschreckend: Je mehr die Kinder den Bezug zu Zivilisation, Gesetz, zu Regeln und erwachsenen Leitbildern verlieren, desto mehr regiert das Recht des körperlich Stärkeren. Angst und Hilflosigkeit der Kinder lassen die Gruppe demjenigen folgen, der am meisten Angst und Schrecken verbreitet. Trotz des bitteren Endes ist Goldings Roman ein ausgezeichnetes Beispiel für die starke Sehnsucht nach Führung, die den Jungen innewohnt: Trotz der Abwesenheit erwachsener Leitbilder sind Leitbilder ein zentrales Thema im Buch. Der Krieg unter den Jungen wird beendet, als das Schiff kommt und die Erwachsenen das Ruder wieder übernehmen. Die Liste der Opfer ist am Ende zwar lang, aber sie wäre noch länger, wenn der »Jungenkrieg« weitergegangen wäre.

WARUM *UND WIE* ERWACHSENE SICH EINMISCHEN MÜSSEN

Vor einigen Monaten lief ich zur Mittagszeit die Treppe vom oberen zum unteren Stockwerk unseres Schulhauses herunter. In einigen Ecken standen Mütter, die ihre Kinder von der Schule abholen wollten, gelöst plaudernd und lachend. Ein paar Kleinkinder spielten Fangen um sie herum. Plötzlich breitete sich ein unsäglicher Lärm aus: Grölen, Schreien, lautes Lachen, Mopedgeräusche – alles verdichtete sich auf unserem Schulhof. Mindestens vierzig Jugendliche quetschten sich durch die Fußgängerschranke zwischen den Gebäuden und strebten zur Mitte des Pausenhofes. Immer mehr Schüler sammelten sich. Fünfzig, sechzig Jugendliche. Die Stimmen der Kinder überlagerten sich zu einem gewaltigen Krach. Hier braute sich etwas zusammen. Ich überquerte den Hof, bahnte mir den Weg durch den Zuschauerring. In der Mitte des Kreises standen zwei etwa vierzehnjährige Jungen mit geballten Fäusten und sahen sich drohend in die Augen. Ich tippte dem Knaben, der mir am nächsten stand, auf die Schulter und drehte ihn mit sanftem Griff zu mir. Wir blickten uns geradewegs in die Augen.

»Stopp! Auf meinem Schulgelände gibt es keine Schlägerei! Und auch keine Schaukämpfe für Schüler, die in der Mittagspause Langeweile haben.« Meine Hand ruhte noch immer auf seiner Schulter, als ich mich an die Meute wandte: »Und ihr zieht mal mit euren Krachfahrzeugen schleunigst Leine. Auf dem schnellsten Weg! In diese Richtung!« Mein Arm wies Richtung Ausgang. Und tatsächlich, ohne großes Murren, schief grinsend, leise höhnend, zog die halbstarke Truppe von dannen.

Zwei Mütter, etwas bleich um die Nase, schüttelten ungläubig den Kopf. »Mein Gott, dass Sie sich das getraut haben! Wenn da einer ausgeholt hätte!« – »Ist es nicht selbstverständlich, dass wir Erwachsenen hier eingreifen müssen?«, antwortete ich. Außerdem hatte ich keinen Zweifel daran, dass die Schüler meine Weisung befolgen würden. Das Ganze war ein Ritual. Rivalen, die ihre Führungsposition austarieren wollten, am liebsten vor Publikum und einer Fangemeinde. Die Konsequenzen trugen die Schüler übrigens mit Fassung: Sie akzeptierten die Grenzen sofort. Die Jungen hatten sich zunächst vom Reiz des bevorstehenden Schaukampfes verführen lassen, hatten sich fast zwanghaft den anderen angeschlossen. Sie schienen nicht undankbar, als ich die »Show« für beendet erklärte.

Dieses Erlebnis bestätigt, was ich im »Fliegenden Klassenzimmer« und im »Herrn der Fliegen« herausgelesen habe: Jungen suchen Führung unter ihresgleichen *und* sie brauchen die Führung, die durch eine erzieherische Instanz ausgeübt wird.

REGELN ALS LEUCHTTÜRME IN DER BRANDUNG

Regeln sind wie kleine Leuchttürme auf dem großen Entwicklungsspielplatz unserer Kinder. Sie weisen den Weg. Beobachtet man Kinder beim freien Spiel, erfinden sie selbst ihre Spielregeln, um das Spiel möglichst konfliktfrei laufen zu lassen. Konflikte entstehen, wenn sich ein

Mitspieler den vereinbarten Regeln widersetzt. Überall, wo ein Miteinander gewollt ist, braucht es eine Regelkultur. Einfaches Beispiel: der pünktliche Unterrichtsbeginn. Es sollte selbstverständlich sein, pünktlich zum Unterrichtsbeginn ausgeruht und vorbereitet anwesend zu sein.

Ein Indikator, dass einige es mit dem Einhalten von Regeln nicht so genau nehmen, ist die Wahrnehmung, dass auch weit nach Unterrichtsbeginn der eine oder andere Schüler gemütlich über den Schulhof trottet, sich vielleicht halbherzig entschuldigt, aber selten reumütig an seinen Platz schleicht. Es ist das Ergebnis einer schwachen Führung sowohl auf Seiten der Eltern als auch auf Seiten der Schule, wenn sich Regelüberschreitungen einschleichen und ohne spürbare Konsequenz bleiben.

WENN REGELN ZU PAPIERTIGERN VERWÄSSERN

Max möchte Gitarrenunterricht nehmen. Die Eltern willigen begeistert ein, denn Musik macht ja schlau! Ein Zweijahresvertrag wird mit der Musikschule abgeschlossen. Regelmäßiges Üben wird vereinbart. Ein halbes Jahr erfreut sich Max seiner Gitarre und übt fleißig, dann werden die Griffe für seine kleinen Hände anstrengender. Die Saiten ziepen unter der dünnen Haut seiner Finger. Er legt das Instrument aus der Hand. Die Eltern reden ihm noch ein Weilchen gut zu. Der Nachdruck fehlt. Max hat keine Lust mehr. Die Eltern seufzen resigniert. Die Gitarre verstaubt im Eck. Der Dauerauftrag fließt munter weiter. Max lernt: Regeln kann man aushebeln – man muss nur einfach nicht wollen.

Echte Führungsqualität dagegen zeigt sich darin, dass man die gelehrten Werte selbst lebt. So entwickelt sich die Aura einer natürlichen Autorität, die keinen Zeigestock braucht. Unsere Erziehung verlangt nach Werteorientierung. Bernhard Bueb, ehemaliger Schulleiter des Internats Salem und Autor des Buches »Macht der Disziplin«, mag es Disziplin nennen, ich nenne es Ordnung, Pünktlichkeit, Ehrlichkeit, Selbstvertrauen, Respekt und Toleranz. Im Grunde meinen wir beide dasselbe.

Auch Religion und Glaube können Hilfestellung bei der Vermittlung gesellschaftlicher Werte geben. In unserer Gesellschaft jedoch hat der Glaube seinen Stellenwert stark eingebüßt. Die Kirche als Ort der Orientierung wird immer weniger aufgesucht. Das ist schade und bedeutet, dass unsere moralischen Werte auf andere Weise den jungen Menschen nahe gebracht werden müssen.

Leider folgen hilflose und verängstigte Jugendliche, wenn sie keine anderen Orientierungspunkte finden, dem falschen Freund: Rechtsradikale oder islamische Fundamentalisten geben solchen Jugendlichen genau den Halt, nach dem sie sich sehnen.

Beunruhigend finde ich Bewegungen in unserem Land, die mit ihrem verzerrten Blick auf andere Kulturen versuchen, die Unreife unserer Jugendlichen auszunutzen und sie zu manipulieren. Von einer »Islamisierung des Abendlandes« ist andauernd die Rede. Ängste werden geschürt. Angeblich seien Minderheitenkulturen schuld daran, dass traditionelle Wertvorstellungen wie etwa familiäre Werte untergehen. Zwar sind in der Tat viele abendländische

Werte bedroht. Aber wir selbst sind es, die sie verlieren. Wir selbst lassen doch zu, dass so viele Jugendliche verwahrlosen, sodass extremistische Rattenfänger sie einfangen. Die muslimischen Familien, die ich kenne, vermitteln meistens gute Umgangsformen. Für gläubige Moslems ist etwa der Respekt vor dem Alter selbstverständlich. Großeltern und Eltern werden respektiert und gepflegt und nicht schnellstmöglich ins Altersheim abgeschoben. Schon kleinen Jungs wird beigebracht, dass man Großeltern und Eltern Dankbarkeit und Liebe entgegenbringen muss.

Ein jugendlicher Muslim erklärte mir den Respekt in einfachen Worten: Meine Mutter hat mir das Leben geschenkt, dafür werde ich sie stets ehren und ihr dankbar sein und wenn sie einmal alt ist, werde ich sie pflegen. Er beobachtete mit Unverständnis, wie respektlos deutsche Jungs ihre Mütter oder andere Familienmitglieder behandeln. Für sie ist unser angeblich liberales Zusammenleben regellos, zügellos und egoistisch. Wir müssen uns wieder trauen, soziale Regeln dem egoistischen Zweckdenken entgegenzusetzen.

Würden junge Muslime, die den Eindruck haben, sich zwischen ihren Wurzeln und der westlichen Kultur entscheiden zu müssen, mehr Identifikationspotenzial mit der Mehrheitskultur sehen, würden sie sich gewiss öfter gegen den extremistischen Weg entscheiden. Erkennen diese jungen muslimischen Männer, dass auch in der liberalen Welt eines demokratischen Landes eine unabdingbare Werteordnung – ihrer nicht unähnlich – herrscht, werden sie sich auch bemühen, unseren moralischen Anforderungen nachzukommen.

HARRY POTTER UND DAS WISSEN UM FÜHRUNG

Die erfolgreichen Harry Potter-Romane verraten ebenfalls viel über den Stellenwert von Führungsqualitäten im Leben von Jungen und männlichen Jugendlichen. Ein kleiner Junge, ausgestattet mit Klugheit und Ehrgeiz, einem Hang zu Selbstzweifel, aber auch mit einem Höchstmaß an emotionaler Intelligenz, nimmt den Kampf mit dem Bösen auf. Sein direkter Gegenspieler Draco Malfoy steht ihm an Klugheit und Sportlichkeit wohl kaum nach. Wer weiß, vielleicht hätten die beiden gute Freunde werden können, wäre Draco nicht der Werteerziehung der »bösen« Slytherin-Führung erlegen. Rowling beschreibt soziale Strukturen, wie Jungen sie lieben. Strukturen, in denen sie sich angenommen fühlen. Strukturen, zwischen denen sie sich weiterentwickeln können. Da sind die formulierten Werte und Leitbilder. Da sind die emphatischen und lebensklugen Lehrer und Erzieher. Und da ist auch eine Hierarchie im Freundeskreis, ein natürliche Verteilung der Führungsrolle: Keine Gruppe, weder Harrys Gruppe »Gryffindor« noch Dracos Gruppe »Slytherin«, kommt ohne Führungspersönlichkeiten aus. Man kann freilich darüber streiten, in welcher Gruppe es mehr oder weniger Führungsstärke gibt. Entscheidend ist, dass sich die Frage nach der Führungsrolle in jeder Gruppe stellt. Harry Potter zum Beispiel hält sich am Anfang für keine Führungskraft, doch seine Erfolge und die Anerkennung seiner Freunde belehren ihn eines Besseren. Außerdem führt diese natürliche Hierarchie zumindest in der Gruppe »Gryffindor« nicht dazu, dass ein System der

Unterdrückung entsteht. Im Gegenteil: Auch diejenigen, die Weisungen entgegennehmen, haben ihre Erfolge und finden ihren Platz im Leben: Denn wer erobert das Herz der zauberhaften Nachwuchshexe Hermine? Etwas der Anführer Harry? Nein! Der schüchterne und tolpatschige Ron Weasley! Wie überraschend ist das denn?

Es gibt in der Magierakademie ein Bonus- und Malus-System (»50 Punkte für Gryffindor«). Gute Leistungen werden honoriert, schlechte Leistungen, besonders im Sozialverhalten, werden bestraft bzw. sie führen zu Konsequenzen. Es geht immer wieder um Freiheiten, die die kleinen Zauberer gewährt bekommen, aber auch um Grenzen und Regeln. J. K. Rowling hat also einen sehr realistischen Fantasy-Roman geschrieben. Das Geheimnis ihres Bucherfolgs besteht unter anderem darin, dass sie die realen Bedürfnisse von Jungen (und Mädchen) in einem spannenden Plot verpackt hat. Rowlings Romane sind wirklich eine Pflichtlektüre für alle Jungen-Erzieher oder für alle, die Jungen besser verstehen wollen.

AUCH PIRATEN HABEN REGELN

An unserer Schule ist die »Leseförderung« im Schulcurriculum festgeschrieben. Verschiedene Formen des Lesens ziehen sich wie ein roter Faden durch das Schuljahr. Ein Baustein im dritten Schuljahr ist eine Buchpräsentation. Jedes Kind wählt selbst aus der Vielfalt des Bücherangebotes aus. Neben verschiedensten Geschichten, Krimis und Abenteuern sind bei Jungs auch Sach- und Wissensbücher der große Renner. Fabian entschied sich für ein Sachbuch über Piraten. Da der Junge keine große Leseratte war, stand ich seiner Präsentation ohne große Erwartung gegenüber. Was mich dann aber faszinierte, war nicht die Form der Präsentation, sondern tatsächlich die intensive Auseinandersetzung mit dem Inhalt. Piraten waren für mich eigentlich immer zügel- und regellose, dunkle, angsteinflößende Gestalten. Nie und nimmer hatte ich damit gerechnet, von einem Neunjährigen einen soziologischen Diskurs über Gruppenorganisation und -prozesse vorgetragen zu bekommen:

Das Leben auf den meisten Piratenschiffen war erstaunlicherweise demokratisch organisiert. Der Kapitän wurde vom Piratenrat ebenso gewählt wie der Maat. War die Mannschaft mit dem Führungsstil des Kapitäns unzufrieden, konnte er abgewählt werden. Der Maat vertrat die Interessen des Piratenrates. Er war gewissermaßen der demokratisch gewählte Klassensprecher oder »Gewerkschaftsführer« des Piratenrates. Wichtige Entscheidungen traf der vollständig einberufene Piratenrat. Nur beim Entern war der Kapitän uneingeschränkter Befehlshaber: Der Zeitdruck erforderte schnelle Entscheidungsprozesse. Wer neu zur Mannschaft stieß, verpflichtete sich dem Ehrenkodex der Mannschaft.

Die Piratenregeln von Bartholomew Roberts alias »Black Barty« sind bis heute überliefert. Sie regelten alle wichtigen Dinge im Piratenleben: Angefangen beim Umgang mit Proviant, über das Glücksspiel, Umgang mit Licht und Feuer, aber auch mit Alkohol und mit Frauen. Raufereien waren an Bord verboten! Sie mussten als Duell an Land ausgefochten werden. Selbst die Anteile an der Beute waren genau festgelegt, ebenso die Entschädigungen für Verletzungen: 100 Piaster gab es für ein verlorenes Ohr, 500 Piaster für den rechten Arm, 1000 Piaster für beide Augen. – Für zwei Piaster konnte man damals übrigens eine Kuh kaufen. Unfair konnte man das Sozialsystem der Piraten wirklich nicht nennen.

Fabian berichtete darüber derart engagiert, dass seine Freunde mit offenen Mündern lauschten. Sein Referat endete mit dem Fazit: »Eigentlich können wir von den Piraten lernen. Auch wir haben einen Klassenvertrag, damit wir gut miteinander auskommen und lernen können. Leider halten wir uns nicht immer so gut daran. Vielleicht würde uns ein Ehrenkodex wie bei den Piraten helfen, unsere Regeln besser einzuhalten. Gut ist, dass wir auch einen Klassensprecher wählen, der unsere Interessen vertreten kann. Nur den Kapitän, den können wir leider nicht selber wählen. Das ist Frau Steiner.« Er grinste mich sehr zufrieden an. Ich hätte ihn knuddeln können.

Die Quintessenz des Vortrags war: Die anderen Jungen waren fasziniert wie Fabian von den klaren, das Leben regelnden Strukturen der Piraten. Sie hatten nicht nur Interesse an Säbelkämpfen und an Seeschlachten. Fabian suchte Parallelen zu seinem eigenen Leben und war stolz, fündig geworden zu sein.

Jungen suchen Führung und Strukturen, die das Leben regeln, so lange, bis sie autonom genug sind, ihren eigenen Weg zu gehen. Wir sollten sie bei ihrer Suche nach dem richtigen Weg nicht alleine lassen. Dabei geht es nicht darum, Jungs zu kleinen Machos zu erziehen, sondern zu sozialen Wesen. Sie bringen eine Vielzahl angeborener Fähigkeiten mit. Diese müssen sie entwickeln dürfen. Damit

Jungs emotionale Intelligenz entwickeln können, müssen sie die Chance haben, ihre eigenen Gefühle wahrzunehmen, ohne von ihnen überwältigt zu werden. Nur so werden sie lernen, auch die Gefühle anderer zu erkennen und zu respektieren. Das Spielfeld dazu halten wir für sie bereit. Es sollte nicht zu weit und unübersichtlich, aber auch nicht zu eng begrenzt sein. Mit dem rechten Maß aus Ritualen, Regeln und Konsequenzen schaffen wir Sicherheit und Orientierung. Das kleine 1x1 der Alltagsregeln – was auch ein Vierjähriger schon lernen kann:

- Wir begrüßen unsere Erzieherin beim Betreten des Kitaraumes mit Handschlag und einem freundlichen Guten Morgen.
- Wir nehmen Rücksicht auf Kleinere und lassen ihnen den Vortritt.
- Wir helfen schwächeren Menschen: Wir nehmen ihnen ihre Tasche oder ihr Gepäck ab.
- Wir zeigen den Neuen in der Kita, wo die Garderobe ist und wie man seine Jacke oder die Schuhe richtig aufräumt.
- Mit dem Essen warten wir, bis alle da sind, und essen nicht einfach drauflos.
- Wir schöpfen nur so viel, dass es für alle reicht: Wir nehmen erst mal weniger, wir nehmen mehr, wenn noch etwas übrig ist.
- Wer teilt, nimmt sich seinen Anteil zuletzt.
- Um Nachschlag bitten wir freundlich.
- Sind wir fertig, fragen wir, ob wir aufstehen dürfen.
- Wir entschuldigen uns, wenn wir jemanden angerempelt haben.
- Wir halten den anderen die Tür auf.

- Wer zu spät kommt, entschuldigt sich.
- Wir bedanken uns auch für eine Kleinigkeiten, denn nichts ist selbstverständlich.
- Kappen und Mützen nehmen wir im Raum ab.
- Einem Gast bieten wir zu trinken an.
- Beim Essen bleibt der Mund zu.
- Wir benutzen unser Besteck und essen nicht mit den Fingern.
- Wir waschen uns vor dem Essen und nach dem Toilettenbesuch die Hände.
- Wenn uns an unserem Gegenüber etwas Schönes gefällt, loben wir ihn dafür. Anerkennung schafft Freunde und gibt Sicherheit.

ERZIEHUNGSSÜNDEN

- Wenn man jetzt immer noch glaubt, alles geht von allein ohne Vorbild.
- Wenn wir unsere Söhne ohne Anleitung zurücklassen.
- Wenn wir Regeln ohne Erklärung ändern.
- Wenn wir auf das Einhalten von Vereinbarungen keinen Wert legen.
- Heute hü, morgen hott: Wenn wir unsere eigenen Regeln nicht konsequent befolgen.
- Wenn wir Vereinbarungen treffen, ohne unsere Erziehungspartner zu informieren.
- Wenn wir Rituale einer fremden Kultur missachten.

10. HELIKOPTERELTERN UND ÜBERMÜTTER

- WARUM ZU VIEL FÜRSORGE ERDRÜCKT
- WARUM ES MÜTTER NICHT IMMER GUT MEINEN
- WARUM AUCH VÄTER WICHTIG SIND

ERZIEHUNGSGEMEINSCHAFTEN

Eine fußballdidaktische Erziehung gibt Jungen klare Strukturen mit Ritualen und Regeln, gibt ihnen Ziele vor und schickt sie in einen fairen Wettbewerb mit den anderen. Man gewährt ihnen Freiheiten und schenkt ihnen somit Vertrauen. Gleichzeitig macht man ihnen deutlich, dass sie selbst Verantwortung für ihr Handeln übernehmen müssen. Man lasst sie experimentieren und gibt ihnen, wenn nötig, nützliche Hinweise. Man lässt sie Teil eines sozialen Gefüges werden und sein. So funktioniert Erziehung.

Das Wichtigste ist, dass die Erziehungsziele mit unseren gesellschaftlichen, demokratischen Normen kompatibel sind. Dazu wiederum braucht es eine erzieherische Allianz aus Elternhaus und staatlichen Bildungseinrichtungen: der Kindertagesstätten und der Schulen. Genau hierin liegt der wunde Punkt. Eine steigende Zahl von Eltern will die an Schulen geltenden Normen nicht mehr teilen.

PIPPI-LANGSTRUMPF-ELTERN

Der Schulleiter einer Stuttgarter Schule brachte es an den Tag und die Betroffenen in die Medien: Wegen massiver Störungen des Schulbetriebes und weil Eltern sich nicht an Vereinbarungen und Regeln halten – etwa wenn sie unerlaubt in den Unterricht platzen –, schrieb er einen Brandbrief an alle Grundschuleltern. Er beklagte das Verhalten weiter Teile der heutigen Elternschaft: In

Pippi-Langstrumpf-Manier setzten sich die Eltern nach dem Motto »Ich mache mir die Welt, so wie sie mir gefällt« über die Schulordnung hinweg. Eltern brachten ihren Kindern das Pausenbrot während der Unterrichtszeiten ins Klassenzimmer, weil es morgens nicht mehr zum Einpacken reichte. Sie trugen ihre Familienstreitereien in der Schule aus oder sorgten regelmäßig für ein Verkehrschaos vor der Schule. Sie halten sich selbst an keine Regeln. Anstatt ihren Söhnen Führung zu geben und ihnen konsequentes Handeln zu vermitteln, nehmen sie ihnen die Chance, eigenverantwortlich kleine Aufgaben zu erledigen: Mütter schleppen die Schulranzen ihrer Söhne bis ins Klassenzimmer, obwohl so mancher Zehnjährige längst die Augenhöhe seiner Mutter erreicht hat. Sie melden ihre Söhne aus Angst vor Überbelastung von den Sport-Arbeitsgemeinschaften ab. Sie überwachen am Zaun des Pausengeländes, wie (und ob) die Lehrkräfte ihrer Aufsichtspflicht nachkommen.

ERDRÜCKENDE FÜRSORGE

Ich könnte viele Beispiele dieser Art aus eigener Erfahrung angeben. Eine Anekdote tragikomischen Charakters möchte ich Ihnen nicht vorenthalten. Es ist erstaunlich, was für eine Entwicklung Elterngefühle nehmen können, die ja eigentlich sehr wichtige und notwendige Gefühle sind.

Es war ein wunderbarer Frühsommervormittag. Vesperpause. Die Kinder tummelten sich auf dem Pausengelände, knabberten an ihren Broten und entspannten sich. Die Aufsicht führenden Lehrer schlenderten über den Hof, schlichteten kleine Streitereien, trösteten oder waren ganz einfach Gesprächspartner für ihre Schüler. Mitten in diese schulische Alltagsharmonie platzte eine Mutter hinein. Strammen Schrittes überquerte sie den Pausenhof, sonnenbebrillt und den Mantelkragen hochgestellt. Zielstrebig steuerte sie eine kleine Gruppe Zweitklässler an, schnappte sich ihren Sohn und zog ihn mit einem Wortschwall einlullend auf ein Bänkchen. Völlig verzagt, mit hängendem Kopf, ließ er über sich ergehen, was seine Mutter gerade ausgeheckt hatte: Sie öffnete eine bunte Plastikdose und begann ihren achtjährigen Sohn zu füttern. Joghurt mit dem Löffelchen, das Brot schob sie ihm in den Mund. Immerhin kauen durfte er selber. Nur schwer ließ sich die besorgte Mutter von einer jungen Lehrerin dazu bewegen, den Pausenhof zu verlassen und die Betreuungspflicht an die Schule abzugeben. Leider hatte sie ihren Jungen durch ihren ungebeten Besuch zum Gespött seiner Mitschüler gemacht.

Übermütter erdrücken ihre Kinder mit ihrer Fürsorge immer wieder. Gerade das, was Jungen am meisten brauchen, wird ihnen genommen: Freiräume ohne elterliche Aufsicht, klare Strukturen und Grenzen und Experimentierfelder des Lebens. Übermütter setzen ihre Sprösslinge unter eine gläserne Käseglocke, lugen von allen Seiten und lassen andere Bezugspersonen nicht an ihr Kind heran. Übermütter leben ihren eigenen

ÜBERMÜTTER ERDRÜCKEN IHRE KINDER: GERADE JUNGEN BRAUCHEN ABER FREIRÄUME OHNE ELTERLICHE AUFSICHT!

fatalen Egoismus aus. Sie schaden ihrem Sohn mehr als sie nutzen.

SCHRAMMEN LEHREN

Die Bedeutung von Elternschaft wurde in den letzten Jahrzehnten einem starken Wandel unterworfen. Während man bis in die 70er hinein Kinderkriegen als Basis für den natürlichen Fortbestand von Familie sah, sind eigene Kinder seit einigen Jahren Element der Lebensplanung. Das Kind gilt zunehmend als egoistisches Projekt: Es wird geplant, den eigenen finanziellen Ressourcen angepasst und wettbewerbstauglich gemacht. Das Projekt »Nachwuchs« wird den Bedürfnissen der Eltern untergeordnet und gilt als Indikator für die eigene Erziehungspotenz. Die schnelle Befriedigung der Bedürfnisse von Eltern steht leider zu häufig im Vordergrund. Egoistische Ansprüche stehen im Missverhältnis zu gesellschaftlichen Notwendigkeiten.

DIE SCHNELLE BEFRIEDIGUNG DER BEDÜRFNISSE VON ELTERN STEHT LEIDER ZU HÄUIG IM VORDERGRUND.

Das ist die eine Seite der Medaille. Die andere Seite ist das mediale und kommerzielle Geschäft mit der Angst. Medien, Versicherungsagenturen, aber auch Institutionen, die sich um Prävention bemühen, kultivieren das Bild einer bösen, gefährlichen Welt. Viele Eltern sind dauerhaft besorgt und beunruhigt. Sie überwachen ihre Schützlinge per Handy, begleiten es überall hin oder fahren es im Auto und wittern überall Gefahren. 78 Prozent der Mütter und 66 Prozent der Väter glauben nach einer Umfrage des Forsa-Institutes in Deutschland, dass der Alltag von Kindern heute gefährlicher sei als früher. Der britische Soziologe Frank Furedi kritisiert in seinem Buch »Die Elternparanoia« diese übertriebene Sorgekultur. Wer eine solche Überwachungskultur aufbaut, ist überhaupt nicht mehr in der Lage, Vertrauen aufzubauen. Weder gegenüber einer anderen pädagogischen Fachperson, noch gegenüber dem eigenen Kind. Schließlich wenden sich die Zweifel sogar gegen die eigene Erziehungsfähigkeit. Furedi rät dringend dazu, dass Kinder wieder lernen dürfen, Risiken selbst einzuschätzen: Schrammen gehörten zum Lernvorgang dazu. Denn je stärker Kinder von ihren Eltern kontrolliert werden, desto weniger trauen sie sich selber etwas zu. Wir setzten eine Vertrauensspirale in Gang, die sich nach unten bewegt. Wenn wir nicht aufpassen, wächst aufgrund unserer Übervorsicht eine Generation Kinder heran, die allesamt sonderpädagogischen Förderbedarf haben. Eine Studie aus dem Schuljahr 2009 zeigte, dass auf 100 Kinder im Kanton Zürich 46 sonderpädagogische Maßnahmen fallen. Eine davon ist die Psychomotorik. Dort lernen – wie grotesk ist das!? – Fünfjährige unter Aufsicht und Anleitung zu klettern, zu balancieren und zu spielen. Der Erziehungswissenschaftler Marco Hüttenmoser fordert deshalb vehement: »Wären die Kinder allein unterwegs, würden sie einander nachrennen, sich verstecken und streiten, würden sie nicht nur ihre motorischen Fähigkeiten ganz natürlich schulen, sondern sie würden auch lernen, selbstständig Konflikte zu lösen. Wir brauchen nicht mehr Mutterliebe und Überwachung, sondern mehr selbstständig zu erreichenden und vom Straßenverkehr wenig gefährdeten Raum.« – »Der Nachwuchs soll streiten dürfen und auf Bäume klettern«, verlangt der Hamburger Biologe Andreas Weber in seinem Buch »Mehr Matsch!« und zitiert eine spannende Hochrechnung aus einer englischen Studie. Wie lange muss mein Kind an einer Straßenecke stehen, bis es von einem Verbrecher entführt wird? 600 000 Jahre!

Was mir in den letzten Jahren vor allem auffiel, ist die Tatsache, dass nicht die Mädchen hauptsächlich Opfer von Überbehütung werden, sondern in hoher Anzahl sind es die Jungs. Ausgerechnet die Jungs! Die aufgrund ihrer biologischen Disposition dringend Freiheiten, Erfolgserlebnisse, Schrammen, Abenteuer und Möglichkeiten zur Angstbewältigung erfahren müssen.

Und eine weitere gesellschaftliche Veränderung beeinflusst Eltern in ihrem Tun. Noch Mitte der 80er-Jahre empfanden es Familien als entlastend, dass Erziehungszeiten von bis zu drei Jahren eingeführt wurden. Das heißt, ein Elternteil konnte bis zur Erreichung des dritten Lebensjahres zu Hause bleiben – mit der Gewissheit, anschließend einen Wiedereinstieg ins Berufsleben wagen zu können. Vor einigen Jahren wendete sich das Blatt wieder. Die Volkswirtschaft sollte nicht länger auf gut ausgebildete Eltern verzichten müssen. Die verbindliche Bereitstellung von Kindertagesplätzen sollte vor allem die Mütter vom Herd zurück an den Arbeitsplatz locken. Die Rechnung scheint aufzugehen. Immer mehr Eltern kehren frühzeitig an ihre Arbeitsplätze zurück. Gelegenheit weckt Begehrlichkeit: In vielen Städten bilden sich bereits Wartelisten für die Kita-Plätze. Was die jungen Eltern im Vorfeld übersehen, ist, dass man Kleinkinder nicht einfach wie ein Stück Möbel abstellen und wieder abholen kann. Kinder leiden unter Trennungsschmerz. Sie fühlen sich auch einmal unwohl und sind krank. Gerade dann brauchen sie ihre Eltern. Betroffene Eltern wiederum plagt das schlechte Gewissen. Sie geben ihre Kinder in Situationen ab, obwohl sie wissen, dass sie jetzt eigentlich für das Kind da sein müssten. An ihrer eigenen Situation glauben sie nichts ändern zu können, also übertragen sie alle Verantwortung auf Erzieher und Lehrkräfte. Um sicher zu sein, dass diese ihren Job gut genug für das Kind tun, kontrollieren sie und patrouillieren sie.

Fragen von Erziehungspartnerschaft werden regelmäßig in Gremien wie Elternbeiratssitzungen oder Schulkonferenzen besprochen. Was Schulleitern und Lehrkräften positiv auffällt, ist die Tatsache, dass die Eltern, die in diesen Entscheidungsgremien tätig sind, fast alle eine höchst gesunde Vorstellung von jungengerechter Erziehung haben und mit den Lehrern am selben Strang ziehen möchten. Es ist zu hoffen, dass über die Zusammenarbeit in den Gremien den verunsicherten Eltern Hilfeleistung angeboten werden kann und dass sie sukzessive das notwendige Vertrauen in die Institutionen entwickeln.

TOTALITÄRE ELTERNSORGEN

Eine Kollegin schilderte mir ihren Fall: Roberto besuchte die zweite Klasse. Seine Leistungen waren durchschnittlich. Sein Verhalten war seinem Alter entsprechend. Wie alle Jungen seiner Klasse war er immer wieder in kleine Konflikte mit Mitschülern verwickelt. Es eskalierte, als er in einer kleinen Rangelei Nasenbluten bekam. Der als Sanitäter ausgebildete Lehrer kontrollierte die Nase und verordnete Kühlung und Ruhe. Nach einer halben Stunde fühlte sich das Kind wieder gut genug, um am Unterricht teilzunehmen. Dennoch rief die Lehrerin vorsichtshalber die Mutter an, um sie zu informieren. Zehn Minuten später holte eine völlig aufgebrachte Mutter ihren überraschten Sprössling ab. »Sie werden von mir hören!«, rief sie drohend der Klassenlehrerin entgegen. Es folgte ein mehrseitiger Brief an die Schulleitung:

Nach unserem Kenntnisstand wurden folgende Maßnahmen der Schule nicht ergriffen:

1. zeitliche Kommunikation zwischen Schule und Elternhaus

2. Maßnahmen hinsichtlich des Verursachers mit dem Ziel der [...] Wiedergutmachung der Tat sowie der Prävention weiterer Konflikte [...].

Derartige erhebliche Vorfälle sind von Schulen bundesweit eigenverantwortlich aufzuarbeiten. [...] Selbst Außenstehende – Nachbarn, Großeltern – teilen diese Einschätzung. Gerne würde wir ohne eigenes Intervenieren den Dingen ihren Lauf lassen, wenn sich alle Lehrkräfte und Betreuer entsprechend folgender Vorgaben verhalten würden: [es folgt ein langes Zitat aus dem Schul- und Beamtenrecht]. Grundschulen wurden bereits 1997 von der Polizei aufgefordert, jeglichen Formen von Gewalt konsequent entgegenzutreten [...] Verantwortungsvoll würden Ihre Lehrkräfte unserer Ansicht nach handeln, wenn sie sich auf dem Außengelände so positionieren, dass sie jeden Winkel im Auge behalten könnten. Den Focus ausschließlich auf das um sie herum Geschehene gerichtet. Telefonieren und reden sollten tunlichst unterbleiben. Die Einführung einer Meldepflicht von Gewalttaten sollte in Erwägung gezogen werden […]

Diese Anleitung zur Totalüberwachung von Schulhöfen verwundert auch insofern, als es sich in dem Fall um eine kleine übersichtliche Dorfschule handelte. Dem Jungen war nichts weiter passiert, als dass er beim Fangenspiel angerempelt wurde und Nasenbluten bekam. In den vorausgegangenen Jahren war es zu keinerlei gewalttätigen Ausschreitungen gekommen. Der Sanitätskoffer büßte bestenfalls ein paar Heftpflaster ein.

Was bringt Eltern dazu, derart überzogen zu reagieren? Michael Winterhoff, Facharzt für Kinder- und Jugendpsychiatrie und Psychotherapie beschreibt in seinem Buch »Warum unsere Kinder Tyrannen werden« psychische Entwicklungsstörungen bei Kindern und sieht den Grund in drei wesentlichen Beziehungsstörungen zwischen den Kindern und ihren Eltern:

1. Partnerschaftlichkeit: Eltern grenzen sich nicht von ihrem Kind ab. Sie machen ihr Kind zu ihrem Partner und verabschieden sich schon frühzeitig aus ihrer Erzieherrolle. Das Problem liegt in einer Verschiebung der Ebenen. Kinder und Erwachsene interagieren auf Augenhöhe miteinander. Die natürliche Autorität des Erwachsenen bricht weg. Meist können diese Erwachsenen nicht selbstständig mit alltäglichen Belastungen umgehen. Sie wählen ihr Kind als Ansprechpartner. Das Kind hat dafür aber noch die nötige psychische Reife. Der Erwachsene hebt sein Kind auf eine höhere Ebene, noch bevor es die nötigen psychischen Entwicklungsschritte hierfür durchlaufen hat.

2. Projektion: Bei vielen Erwachsenen entstanden in zunehmendem Maße Defizite in wichtigen Bereichen des menschlichen Bewusstseins: etwa bei der Orientierung und Anerkennung. Eltern, die selbst noch – meist erfolglos – nach Orientierung und Anerkennung suchen, benutzen ihr Kind als Gradmesser. Ein Kind, das gute Leistungen beim Sport und in der Schule erbringt, beweist, dass man selbst gut ist oder gute Leistungen bei der Erziehung erbracht hat. Ist mein Kind beliebt, bin auch ich es. Andersherum: Tut man meinem Kind etwas zu Leide, so fügt man es mir zu. Auch hier grenzen sich die Eltern nicht von der unreifen, noch wachsenden Persönlichkeit des Kindes ab. Sie können gar nicht mehr erkennen, was das Kind wirklich braucht. Sie projizieren ihre eigenen Bedürfnisse ins Kind. Und das Kind wird für die Bedürfnisbefriedigung des Erwachsenen missbraucht.

3. Symbiose: »Der Erwachsene kann aufgrund der Psychenverschmelzung nicht mehr zwischen sich und dem Kind unterscheiden. Er beginnt für das Kind zu fühlen, zu denken und zu handeln.«

Winterhoff hilft uns, das problematische Verhalten von Eltern besser zu verstehen. Doch gerade die Erklärbarkeit der Beziehungsstörungen zwischen Eltern und Kindern führt aus meiner Sicht dazu, dass die Eltern, die Winterhoff beschreibt, lernen müssen, selbst bestimmte Grenzen einzuhalten und ihren Kindern Grenzen zu setzen. Solche Eltern benötigen professionelle psychologische Hilfe.

Der Wirkungsradius von Erziehern und Lehrern endet mit dem Gong des Unterrichtsendes. Dessen müssen wir uns klar sein. Als Erzieher und Lehrer können wir nur Erziehungshilfe im Rahmen unseres Wirkungskreises leisten. Unsere Erziehungsarbeit kann nicht richtig fruchten, wenn es in der familiären Erziehung zu viele Versäumnisse gibt. Ich sage das nicht gern, aber es ist schmerzlich, wenn wir Pädagogen damit konfrontiert werden, dass unsere Erziehungsarbeit im Familienalltag untergraben wird. Pädagogen und Eltern benötigen einen noch klareren Konsens hinsichtlich dessen, was für die Erziehung von Jungen essenziell ist. Dazu gehört auch, dass man sich gegenseitig unangenehme Wahrheiten sagt und ernsthaft über Kritik nachdenkt. Es sollte nämlich nur in schlimmsten Ausnahmefällen nötig sein, dass Lehrer zur Lösung eines Problems an die Schulsozialarbeit, Jugendhilfe oder an einen Arzt verweisen können. Nur ganz selten ergab sich in solchen Fällen ein Kontakt zwischen Lehrkräften und Psychologen. Mediziner halten Institutionen wie die Schule nämlich bewusst auf Distanz. Wichtige Informationen, die für die pädagogische Auseinandersetzung mit dem Kind verwertbar wären, werden nicht geteilt. Verhaltensauffällige Jungs reagieren ja meist extremer als Mädchen, werden geradezu übertherapiert und von einem Spezialisten zum anderen geschickt. Es ist doch verständlich, dass sich diese Jungen selbst als unnormal (als krank) empfinden. Nur in wenigen Fällen ist mir bekannt, dass ein Arzt den Mut hatte, das Verhalten der Eltern als Grund des Problems zu sehen und die Eltern statt der Kinder therapierte.

WARUM VÄTER SO WICHTIG SIND

Weil Jungen anders ticken als Frauen und Mädchen, taugt eine Mutter als Leitbild nur bedingt. Viele Mütter scheinen das verdrängt zu haben. Sie glauben, dass sie in der Lage sein müssen, die Erziehungsaufgabe allein zu bewältigen. In bestimmten Fällen, wie bei alleinerziehenden oder verwitweten Müttern, klafft natürlich eine Lücke und in solchen Fällen kann man einen väterlichen Beistand nicht erzwingen. Dennoch ist es gut, wenn Mütter ganz unabhängig von der Familiensituation nicht glauben, dass Sie einen Vater dadurch ersetzen können, dass sie sich zu einer »doppelten Mutter« machen. Eine Mutter büßt ihre Fähigkeit als Mutter eben in keiner Weise ein, wenn sie sich vom Druck befreit, auch noch ein guter Vater sein zu müssen. Ich bin mir sicher, dass das Motto »Es geht auch ohne Vater« schädlich ist. Jungen brauchen männliche Leitbilder. Diese lassen sich zur Not auch pflegen, wenn es in der Familie keinen Vater gibt. Viele Männer engagieren sich ehrenamtlich in der Jugendarbeit von Vereinen, bei der Feuerwehr oder ähnlichen Institutionen. Ihr Einfluss als männliches Vorbild ist nicht zu unterschätzen.

DAS MOTTO »ES GEHT AUCH OHNE VATER« IST SCHÄDLICH.

Wir erweisen unseren Jungen einen Bärendienst, wenn wir ihnen nicht die Chance geben, auch das andere Geschlecht in ihre Erziehung aktiv miteinzubeziehen. Die Devise lautet: Loslassen und die Männer mal machen lassen.

Es mag nicht einfach sein, etwa mit verletzten Gefühlen oder nach einem Verlust seine eigenen Gefühle zurückzustellen und nur den Blick auf die Bedürfnisse des Jungen zu haben. Jedes Kind, jeder Junge, hat das Recht auf weibliche *und* männliche Bezugspersonen, weil es nur so aus einem komplexen Repertoire an Verhaltensvorbildern und emotionaler Bindungen schöpfen kann.

Es ist unumstritten, dass Kinder stets beide Eltern lieben und von beiden geliebt werden wollen. Wie furchtbar muss es sein, im Kinderzimmer zu spielen, die Antennen ausgefahren, und zu hören, wie die Mutter mit ihren Freundinnen oder ihren eigenen Eltern über den Vater herzieht? Wie muss sich der Sohn fühlen, wenn er zu hören bekommt:

- »Dein Vater interessiert sich nicht für dich!«
- »Der Mann ist ja so dumm!«
- »Wie konnte ich mich je mit ihm einlassen?«
- »Der wird ja nie erwachsen.«

Liebe Mütter, Euer Sohn wird auch einmal ein Mann! Welches Selbstbild soll er von sich haben? Etwa so eines?

- »Ich bin unbrauchbar.«
- »Ich bin wenig wert.«
- »Ich werde ein verantwortungsloser Macho sein.«?

SCHLECHTE NACHRICHTEN FÜRS MATRIARCHAT

Jungs müssen ihre eigene Identität finden und nicht die Erwartungen von außen erfüllen müssen. Nicht nur in gescheiterten Beziehungen, auch in ganz normalen Ehen päppeln Frauen ihr Selbstbewusstsein damit auf, dass sie sich als Herrscher im Haushalt und als Erziehungsexperten sehen, und sie verlangen vom Mann: »Mach es wie ich, den Haushalt, die Erziehung – dann ist es richtig.« Männer, die sich der »Haushaltsdomina« fügen, weil ihnen beigebracht wurde, konfliktfrei durch eine Beziehung gehen zu müssen, verlieren ihre Authentizität und taugen nicht mehr als Vorbild für ihre Söhne. Es fehlt die Väterlichkeit von früher: Ehrlichkeit, Geradlinigkeit, Konfliktfähigkeit und Konsequenz.

LOSLASSEN!

Was ich ebenfalls mit Sorge betrachte, ist die Tatsache, dass alleinerziehende Mütter sich besonders aufreiben. Sie sind verpflichtet, für ihren eigenen Lebensunterhalt und den des Kindes mitzusorgen. Das kostet nicht nur Kraft, sondern auch Zeit. Wer sieben bis acht Stunden außer Haus ist, kann diese Zeit nicht mit seinem Kind verbringen, sondern muss die Betreuung häufig anderen Personen überlassen. Ich habe sie bereits erwähnt: Misstrauische Mütter, die sich fragen: Machen die das auch alle richtig in der Kindertagestätte oder der Schule? Geht es meinem Kind dort wirklich gut?

Und auf ein Neues rollt der Kontrollmechanismus der Mütter an. Ich habe schon eine Mutter erlebt, die sich zwei Stunden von der Arbeit freigenommen hatte, weil die Schule einen Theaterbesuch plante. Sie bot sich aber nicht als Begleitperson an, sondern fuhr dem Bus wie ein Privatdetektiv hinterher, beobachtete das Aussteigen und war bei der Abfahrt wieder zur Stelle. Es war ihr ein Bedürfnis zu sehen, ob man sich auch wirklich gut um ihren Sohn kümmerte.

Vermutlich ist es für Mütter die schlimmste Herausforderung: Loslassen zu können! Und dafür gibt es nur ein Rezept: Vertrauen. Vertrauen in das Können des Kindes, Vertrauen in die Fähigkeiten der anderen Erziehungspersonen und Vertrauen in die bisher geleistete Erziehung.

Gute Erziehung misst sich nicht quantitativ, sondern qualitativ. Es kommt nicht auf die effektiv miteinander verbrachte Zeit an, sondern darauf, wie sie gefüllt wurde. Hätten es sonst unsere Väter geschafft, in der kurzen Zeit, die sie uns zur Verfügung standen, uns mitzuprägen?

Mit gesundem weiblichem Egoismus dürfen wir sagen: Wenn ich als Mutter die Last der Erziehung nicht allein auf meinen Schultern tragen muss, gibt mir das ein Gefühl der Erleichterung. Ich darf Verantwortung abgeben. Ich habe die Muße, mein Kind aus einer Distanz zu beobachten. Ich kann sehen, dass es sich auch im Kontakt mit anderen, sich kümmernden Personen – besonders mit dem Vater – wohl fühlt und Dinge des Lebens lernt, die ich ihm nicht bieten kann. Ich kann entspannt mein Kind zurückerwarten, denn die Zeit dazwischen bleibt mir selbst und meinen Bedürfnissen. Mein Sohn macht die wichtige Erfahrung, dass es da noch jemanden gibt, der für ihn da ist. Gewiss lernt der Kleine dabei auch, dass Mann-Sein nicht nur schweigsame Härte und körperliche Kraft bedeutet, sondern dass Männer, erfahren am eigenen Vater, auch sensibel und rücksichtsvoll, gesprächig und emotional sein können, nein, *sind!*

Ich habe es selbst erlebt. Als meine Kinder ihren Vater verloren haben, stand ich plötzlich alleine da, mit aller Erziehungsverantwortung und dem unsicheren Gefühl: Kriegst du das jetzt alleine hin oder nicht? Auch ich glaubte, alles zurechtbiegen und als Mutter die Aufgaben des Vaters übernehmen zu müssen. Aber das funktionierte nicht ganz. Ich spürte, wie viel Kraft es mich kostete, und schalt mich, wenn ich in meinen Entscheidungen zu sanft oder zu streng war, und hatte ein furchtbar schlechtes Gefühl, wenn mir die Kontrolle über schwierige Situationen entglitt.

Ich weiß, dass ich riesiges Lebensglück hatte, als mir mein jetziger Mann über den Weg lief – ein echter Söhnepapa, der nicht nur seinen Jungs Halt gibt, sondern auch für meinen Sohn ein väterlicher Freund ist. Ohne dass ich irgendetwas weiblich manipulieren musste, ergab es sich von selbst: Florian entschied allein für sich, bei wem er sich welchen Rat holte.

- »Wie soll ich mich bei diesem Bewerbungsgespräch richtig verhalten?«
- »Kannst du dir mal diese Unterlagen hier anschauen?«
- »Welches Auto ist für mich das richtige?«
- »Wie mache ich eine Steuererklärung?«
- »Kannst du mir mal bei der Krankenversicherung helfen?«
- »Wie findest du meine Grillsteaks?«

Bei diesen Themen bin ich längst außen vor – und genieße es. Natürlich braucht ein achtjähriger Junge keine Unterstützung beim Autokauf oder bei der Steuererklärung, aber er geht vielleicht lieber mit seinem Papa Kickschuhe kaufen. Er freut sich, wenn sein Papa ihn vom Trainingsplatz abholt, wenn Papa mit ihm schwimmen geht oder ihm zeigt, wie man ein Feuerchen anmacht und Grillstecken schnitzt. Auch Papas können gut Hausaufgaben erklären, Wäsche waschen und lecker kochen. Die Auseinandersetzung mit gleichgeschlechtlichen Vorbildern fällt den Jungen logischerweise viel leichter: Sie können sich in ihnen spiegeln. Mit all ihren Sinnen erkennen sie: »So bin ich auch« bzw. »So werde ich sein«: Sie erfassen es optisch über das Aussehen, akustisch über die Art sich auszudrücken und die andere Stimmlage. Es ist ein angenehmes Gefühl zu wissen, wohin man gehört.

Ganz anders dagegen ist die gesunde Mutter-Sohn-Beziehung. Von Anbeginn seines Daseins ist der kleine Wicht in der Obhut seiner Mutter: Sie stillt ihn, tröstet ihn und zeigt ihm die Welt auf ihre Art. Auch die enge Bindung zur Mutter ist wichtig für die Entwicklung des Sohnes. Er erlangt emotionale Sicherheit durch die intensive Liebe, die ihm widerfährt. Er spürt die Zuwendung und Zuneigung und schöpft daraus die Kraft, Vertrauen in sich und andere aufzubauen. Sofern …

Ja, sofern diese Mutterliebe nicht zur »Affenliebe« degeneriert. Das Ziel einer engen Mutter-Sohn-Beziehung darf nicht die ewig währende Abhängigkeitsbeziehung zwischen den beiden sein, sondern muss von der Bereitschaft des Loslassens erfüllt sein. Viele Mütter haben genau hier ein echtes Problem, insbesondere dann, wenn ihnen ihr eigener Lebenspartner abhandengekommen ist und sie ihren Sohn als Ersatzpartner oder als »immerwährend zu umsorgendes Kleinkind« missbrauchen. Und damit schließt sich der Kreis wieder.

FÜRSORGE MANIPULIERT

Vor einigen Monaten trafen wir uns mit mehreren anderen befreundeten Paaren zu einem gemütlichen Abendessen im Restaurant. Die Stimmung war entspannt. Man unterhielt sich kreuz und quer über den Tisch und streifte alle möglichen Erwachsenen-Themen. Silvia war der einzige Single in der Runde. Ihr Mann hatte sie vor etwa drei Jahren verlassen, völlig klischeehaft, wie man es von einem Middle-Ager erwartet, wegen einer neuen jüngeren Partnerin. Ihre Kränkung war sie nie losgeworden. Ihre Mimik erzählte die Geschichte einer Verbitterung, von der sie sich nicht frei machen konnte. Grundsätzlich ist ihr Verhalten nachvollziehbar und zu entschuldigen. Wenn da nur nicht ein großes Aber wäre: Direkt neben ihr sitzt ihr zwölfjähriger Sohn: wohl frisiert, leicht übergewichtig in dunkler Hose und weißem Hemd. Seit drei (!) Jahren schleppt sie ihn zu jeder Einladung mit. Inzwischen bringt sich der Knabe selbst in die Gespräche mit ein: Er lästert über seinen Papa, der ihm immerhin noch umfangreich seinen Lebensstandard und seine Ausbildung finanziert. Seine Mutter hat ihn längst zu ihrem eigenen Sprachrohr manipuliert. Natürlich ist sie stolz auf ihren wort- und weltgewandten »Partner« an ihrer Seite. Dass er kaum gleichaltrige Freunde hat, zunehmend zum Mobbingopfer mutiert, blendet sie aber völlig aus. Durch ihr Verhalten zerschlägt sie eine ebenso wichtige Bindung wie Orientierungshilfe für ihren Sohn: die Bindung zu seinem Vater, die dem Jungen in der beginnenden Pubertät so hilfreich wäre. Es entzog sich meiner Kenntnis, inwieweit der Vater versucht hat, den Kontakt aufrechtzuhalten. Die Erfahrungen aber, die wir an Schulen machen, ist, dass Väter sich sehr wohl in die Erziehung ihrer Söhne einbringen möchten. Sie leiden immens unter dem Entzug des Kindes. Nach wie vor urteilen JugendrichterInnen bezüglich des Aufenthaltsortes zu Gunsten der Mutter und es bedarf sehr guter Argumente und eines langen Atems des Vaters, um seinen Sohn bei sich aufwachsen zu lassen.

In all diesem gesellschaftlichen Durcheinanders ist es schon fast utopisch zu glauben, dass wir Erziehungspartnerschaften zwischen Eltern, eventuell Großeltern und den staatlichen Institutionen der Kindertagesstätten und Schulen entwickeln können. Dennoch sehe ich genau darin eine Chance:

Wir müssen in der Lage sein, gemeinsam Erziehungsziele und verbindliche Werte auszuhandeln. Nur so wissen wir, welche Freiräume wir Jungs geben können, wo wir Grenzen setzen und welche Regeln wir konsequent einfordern wollen.

11. Auch das haben Söhne: ADHS.

- WARUM ES FÜR JUNGEN SO SCHWIERIG IST, SICH SELBST ZU BEHERRSCHEN
- WARUM ANDERS ZU SEIN DAS SELBSTWERTGEFÜHL RAUBT
- WIE ERZIEHER MIT ADHS UMGEHEN MÜSSEN

Auch wenn die Zahl der Helikoptereltern in den letzten Jahren merklich zugenommen hat, so ist das Gros der Elternschaft zum Glück bemüht, das richtige Verhältnis von Kindesbegleitung und dem »Loslassen-Können« zu erreichen. Dennoch kommt man aus pädagogischer Sicht nicht umhin festzustellen, dass Elterngespräche mit Eltern von Jungen häufiger sind als Gespräche mit Eltern von Mädchen: Es gibt einfach mehr besprechenswerte Anlässe, bei denen es um Jungen geht. Anlässe können unangepasstes Lern- und Arbeitsverhalten oder auch Leistungsdefizite sein. Als Begründung wird oft sehr leichtfertig eine Aufmerksamkeitsstörung (ADHS) vermutet: Dabei sind es vor allem die Mütter, die eine solche Vermutung äußern. Grund dafür sind Äußerungen von Lehrern oder anderen Eltern:

- »Ihr Sohn kann einfach nicht ruhig sitzen.«
- »Er lässt sich so leicht ablenken.«
- »Im Unterricht ist er mit seinen Blicken lieber auf dem Nachbartisch als an der Tafel.«
- »Mein Gott, ist dein Sohn ein unruhiger Wicht – immer in Bewegung.«
- »Heute hat sich Ihr Sohn schon wieder geprügelt. Kann er sich denn gar nicht kontrollieren?«

Ich erinnere mich gut an die Zeit, als mein Sohn etwa acht Jahre alt war. Auch wir waren nicht gefeit gegen abschätzige Bemerkungen, Argwohn bis hin zu Anfeindungen. Es gab Situationen, in denen es ihm über die Maßen schwerfiel, ruhig zu sitzen. Zu meiner Beruhigung stand ich nicht allein auf weiter Flur, denn die Mutter des besten Freundes meines Sohnes hatte mit diesem Problem auch zu kämpfen. Immer wieder kamen wir in Erklärungsnot, weshalb unsere Söhne anscheinend so verhaltensauffällig waren. Dabei empfanden wir es gar nicht so: Die beiden waren neugierig, probierten gerne Neues aus und entzogen sich keineswegs aus kranken Motiven der Kontrolle der Erwachsenen. Warum musste rebellisches Verhalten zwangsläufig ein Fall für den Psychotherapeuten sein? Sie waren auf dem Weg der Selbstfindung: Wer bin ich? Was kann ich? Was schaffen wir allein? Wo sind unsere Grenzen? Ein Schlüsselerlebnis für uns Mütter war die dritte Tennis-Schnupperstunde der beiden. Am Ende der Trainingseinheit kam eine sichtlich erschöpfte Trainerin auf uns zu: »Also, ich weiß nicht, ob das der richtige Sport für die beiden ist! Die machen mit ihren Schlägern lieber Ritterspiele anstatt den Ball zu treffen.« Ziemlich beschämt meldeten wir die beiden vom Tennis wieder ab. Tatsache war, die beiden hatten überhaupt keine Lust, brav in einer Reihe zu stehen und zu warten, bis sie mal einen Ball zugespielt bekamen, um ihn über ein grünes Netz zu donnern. Die Warterei machte erfinderisch: Der Schläger wurde zu allerlei (Spaß machendem) Unsinn umfunktioniert. Auch beim Fußballtraining klappte es nicht besonders. Der Trainer vermisste Engagement. Mein Sohn rebellierte: »Ich kann doch noch gar nicht gut spielen. Welchen Sinn macht es, wenn ich beim Torschusstraining nicht treffe und dann eine große Strafrunde laufen soll? Dann habe ich ja gar keine Kraft mehr, um ein Tor zu schießen!« Auch dieser sportliche Versuch wurde beendet. Mein mütterlicher Ehrgeiz erreichte einen Tiefpunkt.

Dennoch trafen meine mütterliche Leidensgenossin und ich mit der Abmeldung die richtige Entscheidung:

Wir wollten unseren Einfluss zurückfahren. Die beiden würden sich schon früher oder später für ein geeigneteres und selbst gewähltes Hobby entscheiden. Es dauerte gar nicht so lange. Die beiden wurden von unserem Handballtrainer eingeladen, einmal beim Minihandball dabei zu sein. Der Trainer war einer dieser Persönlichkeiten, die Jungs mit viel Humor, Empathie und Fantasie begeistern konnten. Das Training war klar strukturiert. Hohe Bewegungsintensität wechselte sich ab mit geregelten Übungen. Seine Entscheidungen waren fair und er vermittelte sie kindgerecht. Anstrengung lobte er, Bequemlichkeit ließ er nicht zu. Wir hörten keine einzige Klage mehr über unsere zwei Strolche. Auch mit dem Lehrerwechsel in Klasse 3 vollzog sich ein Feedbackwandel: »Ja, ihr Sohn ist schon ein bewegtes Kerlchen! Aber er hat auch einen bewegten Geist! Der ist schon recht. Und ADHS hat IHR Sohn sicher nicht«, lachte sein Lehrer.

Nur weil ein Kind hohen Bewegungsbedarf verspürt und sich neugierig handelnd mit seiner Umwelt auseinandersetzt, Dinge infrage stellt und sich Widerspruch erlaubt, ist es noch lange nicht hyperaktiv oder leidet an der Modekrankheit ADHS. Vielmehr kämpft es mit den Anforderungen seines Umfeldes, die so gar nicht zu seinen Entwicklungsbedürfnissen passen.

JUNGEN MIT HOHEM BEWEGUNGSBEDARF LEIDEN NICHT ZWANGSLÄUFIG AN ADHS.

In einer kürzlich durchgeführten Studie des »Centers for Desease Control« in den Vereinigten Staaten wurde berichtet, dass eines von zehn Schulkindern, und einer von fünf Highschoolboys (!) an ADHS leidet – dies macht eine Steigerung von 40 Prozent in den letzten zehn Jahren aus. Es kann mir niemand erzählen, dass diese explosive Steigerungsrate tatsächlich möglich ist. Vielmehr lassen diese Zahlen vermuten, dass Eltern und Ärzte Kinder mit natürlichem Bewegungsdrang zu rasch und zu früh den Verhaltensnormen von Erwachsenen anzugleichen versuchen.

ES WIRD JUNGS NICHT MEHR ERLAUBT, JUNGS ZU SEIN.

Nichtsdestotrotz verlangt es ein hohes Maß an Gelassenheit und Vertrauen in die eigene Erziehungsfähigkeit, um diesen Sticheleien und Vorwürfen standzuhalten. Ich behaupte wie auch Peter Catapano, der 2015 in der englischsprachigen wöchentlichen Beilage des Zürcher Tagblattes in seinem Artikel »The Perils of the Wandering Mind« schrieb, dass bei der Mehrzahl aktiv auffälliger Kinder wirklich kein Grund zur Sorge besteht. Sie sind in einem Alter, in dem sie die Welt und sich selbst aktiv erkunden wollen. Dazu passt häufig nicht die Erwartung ihres Umfeldes, über lange Zeiträume hinweg ruhig zu sitzen, sich mit feinmotorischen Übungen abzumühen, während der ganze Körper nach Bewegung schreit. Hinzu kommt: Die Jungs haben schon am frühen Morgen eine hektische Mutter erlebt, wurden mit dem Auto zur Schule gekarrt, anstatt zu laufen, und haben beim gestrigen Regenwetter die meiste Zeit vor dem Fernseher oder dem Computer verbracht. Wohin also mit der überschüssigen Energie?

Was wir dennoch wissen: Es gibt dieses Krankheitsbild. Es ist nicht die Erfindung überlasteter Eltern und Lehrer. Etwa 13 Prozent der Kinder sind tatsächlich in unterschiedlichen Ausprägungen davon betroffen. Und es sind meist Jungen, bei denen die genetische Disposition nachgewiesen werden konnte.

WENN DIE SELBSTREGULIERUNGSFÄHIGKEIT FEHLT

Sogenannte ADHS-Kinder haben Probleme, ihr Verhalten, ihre Emotionen und ihre Gedanken zu kontrollieren. Sie reagieren impulsiv, körperlich unruhig und können Ablenkungen nur schwer widerstehen.

Die Ursache ist ein neurologisches Problem. Der Vorderlappen im Gehirn von Menschen mit ADHS arbeitet unwirksamer, weil der Botenstoff Dopamin, der normalerweise Informationen zwischen den Nervenzellen vermittelt, es nicht schafft, von einer Zelle zur anderen zu gelangen. So ist die Kommunikation zwischen den Gehirnzellen gehemmt. Die Betroffenen nehmen ständig von außen Reize war und können sie nicht gut verarbeiten. Die Auswirkungen sind fatal: Ein Gedanke kann nicht zu Ende gedacht werden. Das Zuhören wird erschwert, weil ständig andere Reize dazwischenfunken. Aufgaben können nicht geplant und sinnvoll erledigt werden.

Als Eltern oder Lehrer steht man dem Phänomen oft recht hilflos gegenüber. Man denkt:

- »Das kann doch nicht sein! Warum ist denn der neue Bleistift schon wieder ganz zernagt?«

- »Kann er denn die paar Hefte nicht ordentlich einpacken?«
- »Wieder hört er nicht zu!«

Wer selbst dieses Gefühl der Unruhe und Zerrissenheit nicht kennt, tut sich schwer damit, sich in den anderen hineinzuversetzen. Für die Eltern ist es schwierig zu akzeptieren, dass dieses Kind einfach ein bisschen anders tickt als andere Kinder. Lehrern raubt es oft den letzten Nerv, weil diese sich nicht nur um ein Kind kümmern können, sondern auch auf die Bedürfnisse der anderen Schüler eingehen müssen. Letztlich greift die Anspannung des Kindes auf den Lehrer über.

Ein junger Mann beschrieb mir seine Gefühle, mit denen er als Schüler zu kämpfen hatte, so: »Ich spürte schon nach kurzer Zeit des Ruhig-sein-Müssens ein unangenehmes Kribbeln im Bauch. Es wanderte durch den ganzen Körper. Am liebsten wäre ich aufgestanden und hätte mich geschüttelt. Es ist, als ob du in einem Ameisenhaufen sitzt, überall beißt es und du kannst nicht aufstehen, sondern musst diese Attacken aushalten. Es raubt dir deinen Verstand! Dein Kopf wird wie Matsche. Du willst denken, aber es gelingt dir nicht, denn plötzlich hörst du ein anderes Geräusch. Das ist genauso laut in deinem Ohr und du bist völlig irritiert und weißt nicht mehr, wo du hinhören oder -sehen sollst.« Ich fragte ihn, wie oder wo er sich denn am wohlsten gefühlt habe. »Wenn ich allein war. Wenn ich die Tür hinter mir einfach zumachen konnte. Dann habe ich mich am liebsten an meinen Computer gesetzt und Programme ausgetüftelt. Ich war mit meinem PC und meiner Aufgabe ganz allein.« Heute ist der junge

Mann ein erfolgreicher IT-Spezialist. Er hat seinen Weg gefunden. Leicht war es nicht. Er durchlief dieselbe Odyssee wie viele seiner Leidensgenossen: Unzufriedene Lehrer, die sich bei den Eltern beschweren. Hilflose Eltern, die Unterstützung bei Spezialisten suchen. Spezialisten, die dich weiterreichen. Medikamente, die dein Hirn vernebeln. Der nagende Wunsch, gerne ein normales Kinderleben führen zu wollen.

An die Aussagen des jungen Mannes denke ich häufig, wenn ich mich mit ADHS-Kindern beschäftige. Wenn ich das Kind beobachte, seine Unruhe spüre, wie es auf dem Stuhl herumrutscht, sich plötzlich anderen Kindern zuwendet, sie in Gespräche verstrickt, ihnen mitten im Unterricht etwas ganz Wichtiges sagen muss, dabei andauernd einen kleinen Gegenstand in der Hand haltend, mit dem er spielt (Anspitzer, Radiergummi, Stiftkappen), dann suche ich nach Lösungen und Hilfestellungen für ihn.

Felix, einer meiner Schüler, schaffte es innerhalb eines Vormittages, einen Radiergummi zu zerbröseln, zwei Bleistifte zu zerbrechen und die neue Füllerkappe zu zerbeißen. Der Inhalt seines Mäppchens hatte Schwindsucht – innerhalb von zwei Wochen fehlte der gesamte Inhalt. Bücher und Hefte blieben irgendwo auf der Strecke oder tauchten ganz plötzlich wieder auf. Auch klare und verbindliche Anweisungen brachten ihn nicht dazu, seine Hausaufgaben teilweise geschweige denn vollständig zu machen. Er konnte im Unterricht dreißig Minuten über derselben Übung sitzen, ohne auch nur einen Pinselstrich zu Papier zu bekommen. Bei offenen Unterrichtsformen, in denen sich die Kinder selbst organisierten und nach

Werkstattplänen oder Kompetenzraster selbstständig arbeiteten, irrte er orientierungslos durchs Klassenzimmer – völlig überfordert vom Angebot. Setzte man sich mit ihm an einen Tisch, um gemeinsam mit ihm herauszufinden, wo der Knoten saß und wie man ihn vielleicht zum Platzen bringen könnte, fiel er wie ein Häufchen Elend in sich zusammen. Traurig und enttäuscht von sich selbst. Er wäre so gern normal wie die anderen gewesen!

Am nächsten Tag konnte er wieder ausgesprochen mitteilsam von einem schönen Erlebnis des Vortages berichten und schaffte völlig überraschend das gesamte Übungspensum in vorgegebener Zeit. Neben diesen wankelmütigen Phasen gab es aber auch Highlights, die mich in Staunen versetzten:

Im Musikunterricht besprachen wir die rhythmischen Bausteine und Notenwerte. Die Kinder saßen in kleinen Grüppchen und probierten mit verschiedenen Instrumenten Rhythmen aus. Das ganze Unterrichtsgeschehen war von Aktivität und Heiterkeit geprägt, aber extrem laut. »Frau Steiner, schauen Sie, so habe ich es im Gitarrenunterricht gelernt!« Völlig konzentriert, auf den Punkt genau, demonstrierte er mir seine Rhythmen klatschend und am Xylophon. Sein ganzer Körper war in Bewegung – zielgerichtet. Und der Lärm um ihn herum schien komplett ausgeblendet. Er hatte bei dieser Übung die Chance alles zu bewegen, was sonst unterdrückt wurde: Hände, Füße. Selbst der Kopf nickte mit. Am Schluss lief ein Strahlen über sein Gesicht.

Bei unserem alljährlichen Theaterbesuch saß er neben mir. Meine Intention war Kontrolle. Ich wollte vermeiden, dass er andere Kinder störte. Am Ende war es ein beeindruckendes Erlebnis. Wir saßen in der zehnten Reihe. Es gab also noch viele Kinder, die hinter uns saßen. In dem Moment, als sich der Vorhang hob und sich der Raum verdunkelte, fokussierte sich Felix nur nach vorn. Seine Augen wanderten von der Bühne über die lichttechnische Ausgestaltung und die Lautsprecheranlage. Während er mir immer wieder seine Meinung zum inhaltlichen Verlauf zuwisperte, erklärte er mir leise, wie die Lichtmaschinen funktionierten, wie Sound und Akustik das Ganze beeinflussten und wie schön er den Theaterbesuch fand. Am Ende war ich um einiges klüger, was Theatertechnik anbelangte. Felix hatte den Besuch mit allen Sinnen gleichzeitig genossen. Er war gefordert gewesen.

Das macht das Besondere von ADHS-Kindern aus: Weil alle Sinne gleichzeitig auf Empfang stehen, können sie nicht filtern. Sie nehmen alles gleichzeitig wahr. In dem abgedunkelten, fokussierten Theaterraum schienen einige Einflussfaktoren ausgeblendet worden zu sein. Was hinter ihm geschah, lag gewissermaßen im Dunkeln. Was vor ihm lag, schien in Szene gesetzt und so konnte er die Technik, die ihn besonders interessierte, genauso wahrnehmen wie das Theaterstück. Ich vermute auch, dass ADHS-Kinder eine stärker ausgeprägte Beobachtungsfähigkeit entwickelt haben, und gehe davon aus, dass, wenn man der Entwicklung dieser Sensibilität mehr Zeit und Raum schenkt, ADHS-Kinder Erstaunliches leisten können.

Die Erfahrung im Umgang mit ADHS-Kindern zeigt also, dass man sie mit spezifischen Angeboten und Methoden durchaus erfolgreich durch die Schule begleiten kann.

ES RAUBT IHNEN IHR SELBSTWERTGEFÜHL

Kennen Sie den Film »Zappelphilipp«? Der Film ist unheimlich gut gemacht. Sowohl die Seelennot des Kindes Fabian als auch die Hilflosigkeit seines Umfeldes wurden beeindruckend in Szene gesetzt. Fabian schleppt ein riesiges Sorgenpaket durch den Film. Dazu gehört auch seine Mutter, die ihn beschwört, sich doch bitte anzupassen. Sonst flöge er von dieser neuen Schule auch wieder. Einige Lehrkräfte halten ihn schlichtweg für unerzogen und aggressiv; sie haben kein Interesse, hinter die Fassade zu schauen. Die Mitschüler wissen genau, wo seine Frustrationsgrenze liegt, und nutzen dies schamlos aus. Und zwei Lehrkräfte, die mutig genug waren, Neues mit ihm auszuprobieren, und ihn unterstützten.

Eine Szene gab mir besonders zu denken, denn sie war erschreckend realistisch: Fabian hatte wie Felix ein Faible für Bewegung, Rhythmus und Musik. Sein Musiklehrer erkannte dies und lud ihn ein, im Schulorchester mitzumachen. Fabian war motiviert bei der Sache und freute sich auf diese Stunden. Einmal ließ der Lehrer die Klasse frei zur Musik im Raum herumlaufen. Es war etwas beengt und Fabian stieß unabsichtlich mit einem kleinen Mädchen zusammen. Trotz seiner gemurmelten Entschuldigung stieß ihn die Kleine zurück und giftete: »Du Psycho! Kannst ja nie aufpassen!« Fabian verlor die Kontrolle und schlug zu. Wessen Einfluss auf das weitere Geschehen hat nun mehr Gewicht: die Krokodilstränen eines zarten kleinen blonden Geschöpfes oder das fast bockige »War-keine-Absicht« des klassenbekannten Zappelphilipps? Richtig geraten: Bestraft wurde nur

Fabian, während das Mädchen triumphierend von ihrem starken Vater aus dem Schulhaus getragen wurde. ADHS-Kinder leiden doppelt: Sie spüren ihre Unzulänglichkeit und finden keinen Ausweg aus ihrer Misere. Das macht sie schwach und angreifbar. Diese Schwäche wird nur zu gern von anderen Kindern ausgenutzt. Das ADHS-Kind wird noch mehr an den Rand geschoben und ausgegrenzt.

FUSSBALLDIDAKTISCHE ANSÄTZE BEI RENÉ GOSCINNY

Die Situation erinnerte mich an ein Kapitel aus »Der kleine Nick« von René Goscinny. Nick bekommt Besuch von der kleinen Luise. Luise schafft es auf ihre subtile, weibliche Art, die Erwachsenen um den Finger zu wickeln und dafür zu sorgen, dass Nick ständig den »Schwarzen Peter« zieht. Beide spielen Fußball. Luise zertrümmert die Fensterscheibe – Nick ist natürlich schuld.

Ähnliches passiert auch an meiner Schule. Immer wieder geschieht es, dass einzelne Kinder – ungeschickterweise sind es häufig Jungs – Schwierigkeiten haben, sich in eine Klasse einzufügen. Sie suchen Freunde und wählen für ihren »Balztanz« die falsche Strategie: Ihre Kontaktaufnahme ist impulsiv und unkontrolliert, für den Mitschüler mitunter schmerzhaft. Noch bevor die Lehrerin reagieren kann, stehen die ersten entsetzten Eltern anderer Kinder (meist wiederum Mitschülerinnen) vor der Tür. Dabei bleibt es nicht bei Beschwerden, nein, es wird schon auch gedroht:

- »Wenn dieses Kind nicht sofort bestraft wird, knöpfe ich es mir selbst vor.«
- »Wenn dieses Kind nicht von der Schule fliegt, hören Sie von meinem Anwalt!«

Das ist traurig: Solche egoistischen Ausbrüche torpedieren die professionellen Maßnahmen der Schulen, ebenso wie die Handlungsspielräume der Eltern des Kindes, das da an den Pranger gestellt wird. Sie fühlen sich hilflos und alleingelassen und treffen dann erst recht die falschen Entscheidungen.

Im Film schert sich die Klassenlehrerin zunächst wenig um die intriganten Beeinflussungsversuche der Kollegen und der anderen Eltern. Sie will Fabian einfach nur helfen. In ihrer Freizeit trifft sie sich mit ihm, um auf sehr unkonventionelle Art mit ihm zu lernen. Da gibt es Erzählrunden im Park, auf dem Fahrrad und Matheaufgaben über Treppenstufen hinweg. Das Besondere: Sie treffen sich stets im Freien und alle Unterrichtseinheiten finden in Bewegung statt. Fabian wächst an seinen Lernerfolgen. Er hat Spaß daran. Leider kann ihm aber seine Lehrerin nur ein Mosaiksteinchen für sein Weiterkommen bieten. Von anderen, besonders von der Mutter, wurde sie nicht unterstützt und so war das ganze Projekt schließlich zum Scheitern verurteilt.

Eine traurige, aber hilfreiche Erkenntnis: Es können noch so viele Erzieher an einem Kind herumdoktern, solange sie sich nicht absprechen, solange sie nicht das gleiche Ziel verfolgen und gemeinsam ein hilfreiches Netz aufbauen, ist alles nichts.

Das gilt für alle Kinder, für ADHS-Kinder ganz besonders. Nichtakzeptanz und Scham erschweren es den betroffenen Eltern, sich zu öffnen. Häufig konsultieren sie lieber -zig Kinderärzte und Psychologen, in der Hoffnung, dass wenigstens einer das Geheimrezept für ihr Kind anzubieten hat. Dieses Durchreichen von Arzt zu Arzt belastet vor allem den kleinen Patienten, der spürt: »Mit mir stimmt was nicht. Ich bin anders als die anderen.«

Oder noch schlimmer: »Ich bin dumm und unfähig. Freunde finde ich auch keine.« Anstatt das Selbstwertgefühl des Kindes aufzubauen, wird es in seinem Glauben an sich selbst noch mehr geschwächt.

Hinzu kommt: Entscheiden sich die Eltern für eine Medikation, dauert es eine gewisse Zeit, bis die richtige Substanz und Dosis gefunden wird. Ritalin ist zum Beispiel als führendes Medikament neben einer Reihe anderer bekannt und gilt als Wundermittel für hyperaktive Kinder, vor allem Jungs, die viermal so häufig wie Mädchen mit der Diagnose ADHS gebrandmarkt werden. Nicht selten sitzt das Kind monatelang unter einer Dunstglocke – ruhig gestellt, aber im Geiste völlig vernebelt.

Eltern, Ärzte, Lehrkräfte und Beratungsfachleute haben noch keinen gemeinsamen Nenner für den Umgang mit Verhaltensauffälligkeiten gefunden. Wenn ich an die Interessen der Pharmaindustrie denke, die mit dem Verkauf von Ritalin gute Gewinne macht, wundert es mich auch nicht, dass die Lösungsansätze unterschiedlich ausfallen. Kurzfristig ist es aber notwendig, dass zumindest Eltern und Lehrkräfte wieder an einem Strang ziehen, notfalls gemeinsam gegen die Pathologisierung unserer Jungen.

DER ADHS-TAGESPLAN

Liebe Eltern, reden Sie bitte grundsätzlich nicht mit jedem über Ihr Problem. Die beste Freundin muss nicht zwingend der beste Ratgeber sein, denn sie ist befangen. Die Klassenlehrerin dagegen kann eine gute Gesprächspartnerin sein. Denn sie weiß, dass Ihr Kind sich *nicht* absichtlich böse oder aggressiv verhält! Kinder mit einer Reizfilterschwäche müssen lernen, sich zu strukturieren und sich zu organisieren. Dabei braucht es *unsere* Hilfe. So kann sie aussehen:

- Sie stehen zu Ihrem Kind. Dadurch spürt Ihr Kind Sicherheit.
- Sie stellen klare Regeln auf, denn das Kind braucht sichtbare Richtlinien.
- Bei einem Fehlverhalten gibt es Konsequenzen – ohne Diskussion.
- Machen Sie mit Ihrem Kind einen »Piratenvertrag«.
- Wie sieht der ganz normale Alltag aus?

Klare Regeln helfen dem Kind, Selbstbeherrschung und Selbststeuerung zu erlernen. Zum Beispiel diese:

- Der Arbeitsplatz des Kindes zu Hause ist deutlich reizreduziert gestaltet.
- Der Fernseher oder Computer ist nur zu vereinbarten Zeiten eingeschaltet.
- Beim Lernen liegt kein Spielzeug in Reichweite. Einigen könnte man sich auf einen kleinen Knautschball oder Zauberstein, den das Kind immer wieder in die Hand nehmen kann.

- Manchen Kindern hilft es auch, wenn ein gleichmäßiger Dauerlärm, zum Beispiel angenehme Musik, das geistige Arbeiten begleitet.
- Die Hausaufgaben sollten in kleinen Portionshäppchen »verabreicht« werden. Meilensteine helfen, um ans Ziel zu kommen.

Der Alltag ist strukturiert, aber voller Gelegenheiten, keine Langeweile aufkommen zu lassen:

- Die Familie beginnt mit einem gemeinsamen Frühstück mit Kraft spendenden Kohlehydraten und genügend Flüssigkeit.
- Waschen und Zähneputzen.
- Das Schulkind macht sich zu Fuß auf den Weg in die Schule; vielleicht wird es noch begleitet, vielleicht trifft es sich mit einem Freund.
- Nach der Schule folgt die ritualisierte Mittagspause (essen, ausruhen, kleine Bewegungseinheit).
- Die Hausaufgaben- und Lernzeit beginnt. Das Ziel des täglichen Pensums wird besprochen und ein Zeitlimit wird festgelegt. Das Ergebnis wird kontrolliert.
- Zeit zum Spielen und Toben. Das Kind entscheidet bewusst mit, wie es seine Freizeit gestalten möchte: Eher in ruhigen Fahrwassern, allein in seiner Spielwelt versunken oder mit Freunden, möglichst im Freien.
- Ein gemeinsames Abendessen rundet den Tag ab.
- Pünktlich zur vorbestimmten, festgelegten Uhrzeit geht das Kind zu Bett.
- Je einheitlicher die Tage strukturiert sind, desto einfacher ist es für das Kind. Gleichbleibende Rituale prägen den Tag und die Woche.

ADHS-Kinder haben großen Unterstützungsbedarf dabei, klare Strukturen zu erkennen und einzuhalten. Letztlich ist es eine sich wiederholende und kräfteraubende Übung. So empfiehlt es sich auch, dass nicht alle Pflichten von derselben Erziehungsperson begleitet werden, sondern dass sich die Eltern diese Aufgaben teilen. Hat sich also die Mutter um die Nachmittagsstruktur gekümmert, könnte der Vater für die Unterstützung beim Packen des Schulranzens zuständig sein. Wie bringt der kleine Patient Ordnung in sein Chaos?

Was das Kind braucht, ist eine verlässliche und wiederkehrende Struktur. Die Reihenfolge der Handgriffe wird aufgeschrieben und wie ein Merkzettel über den Schreibtisch des Schülers gepinnt. Zu Beginn wird das Kind regelmäßig dabei unterstützt. Im Laufe der Zeit versuchen sich die Erwachsenen aus der Pflicht herauszunehmen. Schritt für Schritt wird die Selbstständigkeit gestärkt. Hier ein Beispiel, wie es funktionieren kann:

- Schritt 1: Alles aus der Schultasche auspacken.
- Schritt 2: Material nach Fächern sortieren.
- Schritt 3: das Mäppchen ausräumen, einräumen, ergänzen.
- Schritt 4: Blick auf den Stundenplan.
- Schritt 5: Fach für Fach wird wieder eingepackt.
- Schritt 6: das Mäppchen, Notizheft und so weiter kommt hinzu.
- Schritt 7: die leere Vesperdose steht zum Füllen in der Küche. Das ist Mamas und Papas Job.
- Schritt 8: Es hat geklappt: Das hat ein Lob verdient!

Gerade Jungs mit ADHS haben häufig ausgeprägte Feinmotorikprobleme. Das heißt, ihre Schrift sieht zum Grausen aus. Bitte halten Sie sich nicht an den Defiziten auf, suchen Sie die Buchstaben heraus, die gelungen sind. Loben Sie! Vielleicht mit einem gelben Punkt oder einem kleinen Smiley. Geben Sie Schützenhilfe mit Linienblättern. Zwischendurch darf ein Text durchaus auch am Computer geschrieben sein. Es macht Spaß, das Blatt zu gestalten, eine hübsche Schrift auszusuchen und mit dem Korrekturprogramm Fehler auszumerzen. Ab und zu den Computer benutzen zu dürfen, erlaube ich meinen Schülern grundsätzlich gern: Für Textreinschriften aber auch in Form eines E-Mail-Austausches. Hausaufgaben auch als E-Mail abzuliefern, ist nicht nur eine Abwechslung für die Kinder, es hat auch Vorteile für die Lehrkraft: Ich kann als Lehrerin sofort individuell antworten und problemlos Korrekturen anwenden. Effektiv verwende ich weniger Zeit für die Kontrolle und liefere sie den Schülern viel schneller. Darüber hinaus kann ich auf diese Weise wunderbar kontrollieren, wer seine Hausaufgaben gemacht hat. Lustig ist nur, dass meine Schüler ihre E-Mail-Hausaufgaben immer und ohne Murren machen. Es macht ihnen Freude.

UND WIE SOLLTE DER SCHULALLTAG EINES ADHS-KINDES AUSSEHEN?

Ebenfalls klar strukturiert und geleitet! Ein ADHS-Kind wird sich nur auf das Lernen und Üben einlassen, wenn es sich sicher fühlen kann: Wenn es die Unterstützung seiner Lehrer erfährt und den Respekt der anderen Kinder. Ich habe die Erfahrung gemacht, dass eine Klasse, die informiert wird und in die Handlungsprozesse einbezogen wird, ein Netz von Verständnis und Toleranz aufbaut. Nur wenn ich ihnen sachlich erkläre, warum Felix einen bestimmten Sitzplatz braucht, ein eigenes Bonus-Malus-System erhält, die Fußschaukel unter dem Tisch hat und anstatt eines Mäppchens, das zwischen Zuhause und Schule hin- und herwandert, einen Köcher mit Schreibutensilien, den er mir am Ende des Vormittags auf mein Pult zurückstellt, kann ich mit ihrer Unterstützung rechnen. Genauso klar muss für Felix sein, dass sein Problem kein Freibrief ist, um Verpflichtungen aus dem Weg zu gehen. Wenn er seinen auf ihn zugeschnittenen Pflichten nicht nachkommt, muss er genauso mit Konsequenzen rechnen wie jeder andere Schüler auch.

Dazu gibt es eine Handvoll kleiner Tricks, ihm über den Tag zu helfen. Merke ich, dass er sich ablenken lässt, schlendere ich langsam und leise zu seinem Platz und lege ihm sanft die Hand auf die Schulter. Schaut er mich dann erschreckt an, genügt eine kleine Geste, die sagt »Schau zu mir!« An schlechten Tagen wird das alle zehn Minuten geschehen müssen.

Arbeiten die Kinder in Paaren oder Gruppen zusammen, ist für ihn die Frage nach dem Lernpartner von großer Bedeutung. Auch seine Rolle in der Gruppe wird im Vorfeld festgelegt. »Höre den anderen genau zu. Was weißt du selbst darüber? Deine Aufgabe ist …«

Bei offenen Lernformen erhält er exakte Arbeitsanweisungen: »Du beginnst mit Aufgabe eins, das ist die Karte mit dem roten Sternchen. Du hast dafür zehn Minuten

Zeit! Nicht länger. Wenn du fertig bist, zeigst du mir dein Ergebnis. Ich kann dir helfen, die nächste für dich geeignete Aufgabe herauszusuchen.« Oder: »Dein Partner ist heute Matthias. Er legt die Reihenfolge der Aufgaben fest. Die Ergebnisse schreibst du in dein eigenes Heft.«

Ermuntert wird im Lernprozess. Gelobt wird, wenn eine Aufgabe zum Abschluss kommt.

Wie viele Jungs mit ADHS ist auch Felix stark an technischen Dingen interessiert. Es ist bedeutend für ihn, für bestimmte Klassenaufgaben verantwortlich zu sein. Als »Technikchef« kümmert er sich um den Tageslichtprojektor, die Jalousien, den CD-Player, vielleicht auch um den Computer. Seit einiger Zeit bemüht sich zudem die Leiterin unserer Musikschule besonders um ihn. Sie erkannte, mit welcher Freude und mit welchem Engagement er bei der Sache ist. Hier kann er sich ganz auf den Rhythmus der Musik einlassen. Von seinem Platz hinter dem Schlagzeug überblickt er das ganze Orchester und hat festen Augenkontakt mit der Orchesterleiterin. Es bedarf beider Hände und beider Füße, um das Instrument zu beherrschen. Keine andere Geräuschquelle lenkt ihn ab, weil er selbst am meisten »Lärm« produziert und das zudem sehr gut! Das Lob, das er einheimst, spornt ihn an, noch mehr zu üben. Endlich hat er etwas gefunden, das zu ihm passt und ihm Anerkennung verschafft.

Im Klassenzimmer gilt für alle Kinder: Nicht alle Aufgaben müssen im Sitzen erledigt werden. Man kann sich ja auch einmal lesend auf die Ruhematte zurückziehen. Manche Zimmer haben breite Fenstersimse, die man gut als Stehpulte nutzen kann.

Eine Kollegin hat für ihr ADHS-Kind einen eigenen kleinen Wecker besorgt. Alle fünfzehn Minuten gibt der Wecker ein Zeichen. Der Junge verlässt ohne die anderen zu stören das Klassenzimmer, flitzt zweimal um den Schulhof und setzt sich anschließend wieder an seine Aufgabe, so als wäre er nie fort gewesen.

Bei aller didaktischen und methodischen Fantasie sollte man sich aber eingestehen, dass alles nur funktionieren kann, wenn sich auch die Lehrerschaft einig ist im Umgang mit dem Kind. Sobald eine Lehrkraft den Weg nicht mitgeht und sich nicht mehr um die Bedürfnisse des Kindes kümmert, ist der sowieso schon kleinschrittige Erfolg gefährdet. Für die engagierten Lehrer ist das genauso frustrierend wie für das Kind. Hinzu kommt, dass ihre Glaubwürdigkeit auch in den Augen der anderen Kinder sinkt, die ja nicht beurteilen können, welche Lehrkraft hier die richtigen Entscheidungen trifft.

Die fußballdidaktischen Prinzipien sind hilfreiche Wegbegleiter für Jungen mit ADHS: Bewegungsfreiheit in klar gesetzten Grenzen, eine strikte Führung mit Struktur, Regeln und wiederkehrenden Ritualen. Lob und Bestärkung für gelungene Aufgaben, aber auch spürbare Konsequenz, wenn die Pflichten nicht wie verabredet eingehalten werden.

12. AB HEUTE MACHEN WIR ES ANDERS!

- WARUM AUCH ALTBEWÄHRTES GUT SEIN KANN
- WARUM JUNGEN ANDERE SCHULWEGE BRAUCHEN
- WIE ELTERN VON ERZIEHUNGSPROGRAMMEN PROFITIEREN KÖNNEN

- Individuelle Freiheit
- Bewegung
- Körperliche Anstrengung
- Grenzen
- Strukturen
- Regeln
- Rituale
- Zugehörigkeit
- Teamgeist
- Leitbilder
- Respekt
- Anerkennung
- Liebevolle Zuwendung
- Zufriedenheit
- Verantwortung (für sich selbst und andere)

All das sind zentrale Begriffe des fußballdidaktischen Erziehungsprinzips, das sowohl von Erziehern in der Kita, von Lehrern in der Schule als auch von Eltern daheim angewendet werden kann. Erzieher, die dem Prinzip folgen, können jungengerechte Spielsituationen bereitstellen. Lehrer können einen weniger frustrierenden, bedürfnisgerechten Unterricht konzipieren, der auch hilft, den Charakter zu formen – das gilt nicht allein für den Sportunterricht, sondern für alle anderen Schulfächer, wie ich im Folgenden erläutern werde. Eltern, die sich bewusster mit den oben stehenden Begriffen und einer bewegungsorientierteren Erziehung beschäftigen, können den familiären Alltag, die Wochenenden und Ferienzeiten besser gestalten. Die heutige Erziehung – ich denke dabei auch sehr an die schulische Erziehung –, orientiert sich nur bedingt an diesen Merkmalen einer jungengerechten Erziehung. Unser liberalisiertes Bildungssystem blendet zu viele essenzielle Aspekte aus.

WO SETZEN WIR AN? WAS MACHEN WIR AB HEUTE ANDERS?

Es wäre nicht fair, unser ganzes Erziehungs- und Bildungsangebot grundsätzlich zu verteufeln. Viele Eltern, Erzieher und Lehrer tragen den Bedürfnissen von Jungen durchaus Rechnung. Noch gibt es Erziehungsverantwortliche, die das Gespür dafür, was Jungen brauchen, nicht gänzlich verloren haben. Intuitiv, aber auch bewusst gehen sie auf die Bedürfnisse von Jungen ein. Es gilt, diese positiven Beispiele hervorzuheben als Leuchttürme guter Pädagogik, damit sich die unsicheren Eltern und Pädagogen daran orientieren können.

Liebe Eltern, an dieser Stelle möchte ich ganz bewusst Sie mit ins Boot nehmen. Denn es geht um Ihre Söhne. Es geht um deren Bildung. Es geht um deren Zukunft. Seien Sie bitte bereit, zu ergründen, weshalb Ihr Sohn missmutig aus der Schule nach Hause kommt. Sie werden Methoden kennenlernen, wie Sie Ihren Sohn unterstützen, aber auch wie Sie unser Schulsystem aktiv mitgestalten können.

Erinnern Sie sich an den letzten Elternabend Ihres Sohnes? Saßen Sie auch brav auf den Stühlen, die eigentlich viel zu klein und unbequem waren, um sich konzentrieren zu können? Sie saßen einer Lehrerin gegenüber, die sich den Mund fusselig redete über Deutschinhalte, Notengestaltung, Disziplin in der Klasse oder die nächste Klassenfahrt? Oder ärgerten Sie sich darüber, dass einzelne Eltern ihr ganz privates Erziehungsproblem ausbreiteten und eventuell die Lehrerin dafür verantwortlich machten?

Man könnte sagen, das alles sei normal für einen Elternabend. Herzlichen Glückwunsch, wenn Sie es anders erlebt haben! Vielleicht so: Die Elternbeiratsvorsitzende oder ein anderes engagiertes Elternteil stellt ein pädagogisches Problem auf die Agenda, das sie alle – auch die Lehrerin – betrifft, und gemeinsam suchen Sie nach einer für Sie *und* für Ihre Kinder stimmigen Lösung.

Wenn Sie also zu den Eltern gehören, die sich gerne konstruktiv ins Schulleben einbringen – was ich mir von Herzen wünsche –, dann lesen Sie weiter. Der eine oder andere Vorschlag könnte auch Ihre Klassenpflegschaft weiterbringen. Auf jeden Fall lassen sich die Vorschläge und Gedanken abwandeln für das ganz normale Alltagsleben zu Hause mit Ihrem Sohn.

BEWEGUNGSFELDER

Frage ich Jungen einer Grundschule, was ihnen am meisten Freude macht, so nennen die meisten den Sportunterricht und die Bewegungspausen. Im Sportunterricht fühlen sich besonders Jungen gefordert und angenommen – in den Pausen können sie entspannen. Für guten Sportunterricht sind die Bedingungen an unseren Schulen eigentlich bestens. Der Bildungsplan deckt breitgefächert ein großes Spektrum an jungengerechten Inhalten ab. Die Ausstattung unserer Sporthallen und des Sportgeländes ist meist beispielhaft. Die Krux liegt nur darin, dass nicht alle Grundschullehrkräfte eine gute sportpädagogische Ausbildung genossen haben. Häufig werden Lehrkräfte im Sport eingesetzt, die Klassenlehrer sind oder einen hobbymäßigen Bezug zum Sport haben. Mangelnde Ausbildung geht leider meist einher mit Ängsten, vor allem aber mit Unwissen. Bevor eine Lehrkraft Bewegungsangebote macht, bei denen sie sich selbst unsicher fühlt, lässt sie sie einfach weg. Eine Kontrolle findet nicht statt. Zu oft findet Sportunterricht wie folgt statt:

FACHFREMD = UNGEEIGNET

Eine Kollegin liebte Musik und die Bewegung zur Musik. Das bedeutete, dass sie ihre Sportstunden mit Reigen und netten kleinen Volkstänzen füllte. Die meisten Jungs der dritten Klasse stöhnten innerlich, denn sie hatten andere Erwartungen an den Sportunterricht. Volkstänze fanden sie affig. Es fehlten ihnen anstrengende, körperbetonte Angebote.

Die andere Kollegin hatte schon als Kind Angst vor großen Turngeräten. So verzichtete sie lieber auf deren Aufbau, auch aus Sorge, ein Kind könnte abstürzen und sich verletzen. Sie füllte die Übungsstunden regelmäßig mit kleinen anspruchslosen Spielchen. Die Jungen mussten sich kaum körperlich anstrengen, lernten keine Grenzerfahrung kennen und machten in ihrer motorischen Entwicklung kaum Fortschritte. Der Sportunterricht degenerierte zum leeren Stundenfüller. Nichts Bleibendes blieb für die Jungen zurück.

BEWEGUNG

Dabei ist es ganz einfach: Einen großen Anteil der Sportinhalte machen Sportspiele aus: kleine Spiele für den Unterrichtsbeginn. Die meisten Spiele Ballspiele: Fußball, Handball, Basketball oder Volleyball, aber auch Hockey oder exotische Dinge wie Baseball. Ihnen allen eigen sind ihr Wettkampfcharakter und der Leistungsvergleich. Beides lieben Jungen. Dabei können sie mit hochrotem Kopf über sich selber fluchen und andere anschreien, wenn ein Spielzug nicht geklappt hat. Oder sie können furchtbar wütend sein über ihre eigenen Fehler oder über eine Schiedsrichterentscheidung. Erfreulich ist, dass die Wut schnell verfliegt und sie sich bereitwillig den Regeln des Spiels unterwerfen. Sie sind zufrieden mit sich und der Welt, wenn sie verschwitzt und schwer atmend die Sporthalle verlassen haben.

GRENZEN

Im Spiel erfahren sie, wo ihre Grenzen liegen: Ihre eigenen und die des Spiels. Und sie können ausloten, wie sich die Grenzen zu ihren Gunsten verschieben lassen. In koedukativen Unterrichtssituationen kommt es dann schon vor, dass sich einzelne Mädchen eher eingeschüchtert zurückziehen, denn sie bevorzugen die vertrauensvolle, gruppenorientierte Unterrichtsatmosphäre

TOLERANZ

Diese unterschiedlichen Bedürfnisse unter einen Hut zu bringen, ist für jeden Sportpädagogen spannend und es wirkt nachhaltig, wenn es klappt. Der erste Schritt dazu ist Toleranz: Schon wenn Erstklässler in die Sporthalle kommen und sich an den Mittelkreis setzen, formen sie automatisch gleichgeschlechtliche Gruppen und meiden Körperkontakt. »Nein, der gebe ich nicht die Hand.« Mit viel Sensibilität schafft man es. Auch hilft eine Portion Gelassenheit. Es ist doch egal, wenn sich Jungengrüppchen und Mädchengrüppchen bilden, solange wir dennoch zu einem harmonischen Ganzen finden.

GRUPPENZUGEHÖRIGKEIT

Eine Kollegin startet jedes Mal mit einer neuen Klasse ganz trickreich so: Die Kinder dürfen selbstständig kleine Gruppen von vier bis sechs Schülern bilden. Dann geben sie sich einen Gruppennamen. Die Ergebnisse sind meist originell: »Wilde Mädchen«, »Katzen«, »Heroes«, »FC WIR« – die verschiedensten Ideen wurden bereits umgesetzt. Diese festen Gruppierungen helfen bei Mannschaftsbildungen genauso wie bei organisatorischen Aufgaben wie dem Geräteaufbau. Es geht schneller, ist effizient und fördert den Teamgeist.

INDIVIDUALITÄT OHNE AUSGRENZUNG

Individuelle Unterschiede beim Leistungsvermögen lassen sich am besten berücksichtigen, wenn man bei der Aufgabenstellung viele Wege zum Ziel zulässt. So kann das klingen: »Du darfst entweder über die breite oder schmale Langbank balancieren. Du schaffst es allein oder indem dich ein Freund an der Hand führt.« Oder so: »Bei allen Stationen geht es heute um Ballgeschicklichkeit. Probiert die Aufgaben mit verschiedenen Bällen aus. Wir haben Fußbälle, Basketbälle, Volleybälle, Softbälle und Tennisbälle zur Auswahl. Welche Aufgabe lässt sich mit welchem Ball am besten lösen?«

Durch ein differenziertes Angebot verliert sich die Stigmatisierung durch persönliche Schwächen. Jeder übt im Rahmen seiner Möglichkeiten. Jungen scheinen auch einen Instinkt zu haben, wie weit sie sich trauen dürfen. Sie verordnen sich selbst ein sich schrittweise steigerndes Leistungsprofil.

Natürlich macht nicht alles Spaß, was im Laufe eines Schuljahres im Sportunterricht ausprobiert und gelernt werden soll. Bezieht man aber die Kinder mit in die Planung ein, so hilft die Transparenz, um sich auch auf subjektiv weniger attraktive Themen einzulassen. Dazu zeige ich zu Beginn des Schuljahres den Kindern auf einem Plakat, welche Themen für das laufende Schuljahr angeboten werden. Jedes Kind findet seine Vorlieben wieder und ist deshalb auch eher bereit, sich auf Dinge einzulassen, die es sonst ablehnen würde. Bei der Besprechung der Übersicht wird den Kindern rasch klar, dass *jeder irgendwo* seine Stärken hat, und sie erkennen, dass jeder einmal seine Bedürfnisse zurückstellen muss.

KLEINE EXPERTEN

In der Regel wird früh deutlich, wo die Stärken der einzelnen Kinder liegen. Der richtige Umgang mit einem Ball ist ein gutes Beispiel. Viele Jungs beherrschen den Ball ganz ausgezeichnet. Diese Fähigkeit dürfen sie gern an unsicherere Kinder weiterreichen. Dass hauptsächlich Mädchen den Umgang mit dem Ball scheuen, ist ein weit verbreitetes Phänomen. In unserem Übungsarrangement wählen die etwas unsicheren Kinder ihren eigenen »Trainer«. Dieser »Trainer« ist ein Mitschüler und bleibt während der ganzen Übungsstunde an der Seite des Kindes. Dabei kommt es automatisch zu geschlechterdurchmischten Gruppen. Der »Trainer« gibt sein Wissen gerne weiter, denn er ist stolz darauf. Er spürt die fachliche und motorische Überlegenheit, die er gerne als »Fachmann« weitergibt – ohne damit anzugeben. Ein wichtiges Ziel des Sportunterrichts wird erreicht. Der »Fachmann« wird in seinem Selbstwertgefühl gestärkt. Andererseits ist es dann völlig normal, wenn der sportliche Fachmann in einer anderen Unterrichtsstunde im Klassenzimmer ein anderes Kind um Unterstützung bittet, etwa wenn es Probleme mit der Rechtschreibung hat.

Mit einem auf diese Weise gestärkten sportlichen Selbstwertgefühl sind Jungen auch eher bereit, eine Sportart auszuprobieren, die sie bisher als mädchenhaft abgelehnt haben, etwa Tanzen oder Gymnastik.

AN DEN VORLIEBEN ORIENTIEREN

Es ist völlig falsch zu glauben, dass Grundschuljungs grundsätzlich die Bewegung zu Musik ablehnen. Sie haben lediglich andere Musikvorlieben. Laut und wild muss die Musik sein. Wenn ich ihnen erlaube, ihre Lieblingsmusik mitzubringen, entstehen durchaus kreative Tänze, in denen gesprungen und gestampft wird. Dasselbe gilt für energiegeladene Songs wie »Cotton Eye Joe« von Rednex oder »Gangnam Style« von Psy. Es darf einfach ein bisschen ungestüm sein. Aber auch Step-Aerobic und Breakdance spricht Jungen an, weil sie hier ihre akrobatischen Fähigkeiten ausreizen dürfen.

Und wie überzeuge ich Jungs, dass Seilspringen kein Pausengehopse für Mädchen ist? Ich suche nach Vorbildern. Henry Maske und andere populäre Boxer nutzen das Springseil, um ihre Kondition und Beinarbeit zu verbessern. Das leuchtet auch den Jungs ein und sie sind stolz, wenn sie die Technik erlernt haben. Besonders gern probieren sie es mit skipping-ropes aus buntem Kunststoff aus.

DISZIPLIN

Rhythmus- und Balancegefühl kann man zudem in einer ganz anderen Sportart ausprobieren: Beim Ringen und Raufen! Es ist gar nicht so einfach, beim Zweikampf die Balance zu wahren. Mit klaren Regeln und Verbindlichkeiten werden hier die Kräfte gemessen. Neben Kraft, Reaktion, Koordination ist dazu Selbstdisziplin gefragt:

Wenn mein Partner »Stopp!« sagt, muss ich das akzeptieren. Akzeptiere ich das Stopp-Signal nicht, folgt die Konsequenz auf dem Fuße: Ich werde disqualifiziert und schaue den Rest der Stunde von der Auszeitbank aus zu. Es ist verhältnismäßig einfach, Regeln im Sportunterricht durchzusetzen, denn eine »rote Karte« und die sofortige konsequente Auszeitregel ist für einen bewegungsaktiven Jungen die Höchststrafe.

Gibt man den Jungen also die Chance, in ihrem Lieblingslernbereich ihr Können zu zeigen, hilft man ihnen, ihr Selbstwertgefühl zu stärken. So halten sie Misserfolge in anderen schulischen Bereichen besser aus. Auch muss man ihnen unbedingt klarmachen, dass sie nicht immer und überall gut sein müssen. Sie müssen aber wissen, dass sie mit zusätzlichem Einsatz und regelmäßigem Training auch bei schwierigen Aufgaben erfolgreich sein können.

Durchhaltevermögen und Resilienz sowie die Fähigkeit, auf die schnelle Bedürfnisbefriedigung zugunsten eines langfristigen Vorteils zu verzichten, sind ganz wesentliche Kompetenzen, die durch den Sport geschult werden. Der Sport hilft auch, ein weiteres wesentliches Ziel zu erreichen: die positive Einstellung zur Schule.

Eltern, die auch die Freizeit ihres Sohnes sport- und bewegungsorientiert gestalten, unterstützen einen wesentlichen pädagogischen Grundgedanken: Bewegung ist ein Grundbedürfnis von Jungs – und Bewegung macht sogar schlau.

GEISTIGE ARBEIT IST NICHT ALLES

Zum Leidwesen vieler Schüler besteht Schule nun nicht nur aus Sportunterricht. Nein, die Kinder müssen sich hauptsächlich in Deutsch und Mathematik qualifizieren, um eine weiterführende Schule besuchen zu können. Bereits bei den Einschulungsuntersuchungen ist augenfällig, dass Jungen im Umgang mit Sprache mehr Schwierigkeiten haben als Mädchen. Sie greifen auf einen kleineren Wortschatz zurück. Sie bilden seltener kompliziertere Sätze. Sie verschlucken oder überhören öfter einzelne Buchstaben. Fakt ist aber, dass sie in anderen Bereichen wie der Motorik, dem fantasievollen Umgang mit Konstruktionsaufgaben oder der naturwissenschaftlichen Logik durchaus schulreif sind.

Blickt man auf den Fächerkanon der Orientierungsstufe, wird die Sprachlastigkeit in der Pädagogik noch augenfälliger. Selbst die naturwissenschaftlichen und gesellschaftswissenschaftlichen Fächer werden überproportional über Textverständnis erschlossen. Alternative, erlebnisorientierte Zugänge, die eine textliche Auseinandersetzung überschreiten und bei denen die Schüler handelnd und experimentierend mit den Themen umgehen, werden im Unterricht seltener genutzt. Sie sind aufwendiger in der Vorbereitung und mit Risiken verbunden – Versuche und Experimente klappen nicht immer – aber gerade diese Trial-and-Error-Methode macht Schule spannend.

BEWÄHRTES ÜBERNEHMEN UND RICHTIG ABHOLEN

Bereits in Kapitel 7 beschrieb ich, wie ein älterer Kollege mit handlungs- und erlebnisorientierten Methoden seine Schüler fesselte. Er nahm sie mit hinaus, raus aus dem Klassenzimmer, in die Natur, auf den Berg, auf die Burg, in die Stadt, ins Naturkundemuseum. Geschichtswissen erwarben sich die Kinder in einer Rallye durch die Stadt. Wie funktioniert Demokratie? Dazu wurden Politiker direkt interviewt und Gemeinderatssitzungen nachgespielt. Alles erworbene Wissen mündete in komplexen Aufschrieben in ihren Schulheften, die eher konservativ an der Tafel entwickelt wurden. Die Jungen waren begeistert dabei, der Lernerfolg war gesichert. Sie akzeptierten den Anspruch an Disziplin, denn sie wussten, der nächste spannende Lerngang, die nächste Forscheraufgabe folgte bestimmt.

SINNHAFT LERNEN

Es gibt in der Didaktik den Ansatz »Task-Based Learning«. Er kann mit »aufgabenorientiertem Lernen« oder »handlungsorientiertem Lernen« übersetzt werden. Der Grundgedanke ist einfach: Schüler lernen am liebsten, wenn das Gelernte auch sinnvoll für sie nutzbar ist. Sie müssen es aber schon während des Lernvorgangs bewusst als sinnvoll wahrnehmen. Der Ansatz lässt sich sehr gut durch das »Talldorp Project« erklären. Talldorp ist der Name einer kleinen Stadt in den Niederlanden. In dieser

Stadt gibt es ein Café, ein Reisebüro, einen Bahnhofsschalter und verschiedene Geschäfte. Die Schüler schlüpfen in die Rolle der Dienstleister, ebenso wie in die der Kundenrollen. Ihre Aufgabe ist klar auf Rollenkärtchen beschrieben. Nun bereiten sich die Schüler auf ihre Aufgaben vor. Sie formulieren die Sätze, Fragen und Texte, die sie im späteren Rollenspiel benötigen. Dabei können verschiedene Medien wie Bücher oder das Internet als Informationsquelle dienen. Der Lehrer hilft dabei. Über mehrere Unterrichtsstunden hinweg sind die Schüler in Bewegung und üben Ausdrucksformen, die sie auch im Alltag gebrauchen können.

Was im Sprachenunterricht funktioniert, kann auch in anderen Fächern funktionieren. Es geht darum, den Alltag ins Klassenzimmer zu befördern, um dort Kompetenzen zu üben, die im wirklichen Leben gefragt sind. Es gibt also einen praktischen Nutzen. Diese Lernmethode macht ebenso viel Sinn wie sie Spaß macht.

JUNGEN LESEN? ABER JA!

Was berichtet die Pisa-Studie zum Schrecken aller Jungeneltern? Jungen schneiden bei der Überprüfung der Lesekompetenz noch immer schlechter ab als Mädchen. Und mit erhobenem Zeigefinger wird angemahnt: Jungen lesen viel weniger gern in ihrer Freizeit. Das sei offensichtlich der Grund. Für mich greift diese Begründung zu kurz.

Was ist Lesekompetenz? Es ist die Fähigkeit, die dem Text entnommenen Informationen zu verarbeiten – kurz:

Es ist die Fähigkeit, einen Text zu verstehen. Muss ich, um den Sinn zu erfassen, unbedingt ganze Büchereien verschlingen? Muss jeder Spaß daran haben, die im Lehrplan stehenden Geschichten zu lesen? Kann man nicht auch mit anderen Texten Lesekompetenz erwerben? Das geht.

Fast alle Jungen durchlaufen früher oder später die »Comic-Phase«. Es gibt originelle Zeichnungen voller nonverbaler Aussagekraft, begleitet von kleinen oder größeren Sprechblasen. Es tauchen nicht nur lautmalerische Ausdrücke wie »Zisch«, »Bang« oder »Autsch« auf. Es gibt neben den Sprechblasen auch geschliffene, zuweilen auch tiefsinnige Erzählerkommentare. Dennoch haben Comics den Grundschulunterricht noch nicht erreicht. Bestenfalls kurze Bildergeschichten unter dem Comic-Deckmantel lassen wir zu. Wir sind aber leider weit davon entfernt, Comics als Lehrstoff aufzubereiten. Es ist schade, dass die Comics zu Goethes Leben und Werk unbekannt sind. Es gibt sie aber, und sie werden vom Goethe-Institut mitherausgegeben.

BÜCHER ALS WISSENSVERMITTLER

Für Jungs ist auch alles interessant, was im Superlativ steht – am höchsten, am längsten, am schnellsten, am langsamsten. Bücher, die von Rekorden erzählen, und das breite Angebot an Sachbüchern, die ihnen ihre Welt erklären. Öffentliche Büchereien leisten hervorragende Arbeit im Bereitstellen von unterschiedlichsten Büchern für alle Altersgruppen. Warum wird dieses Angebot von Lehrkräften und Eltern nur in eingeschränktem Maße genutzt? Anstatt sich durch »pädagogisch wertvolle« Textsammlungen von Schullesebüchern zu quälen, hätten Jungs mehr Freude daran, sich aus einem großen Angebot selbst ihre Lektüre auszuwählen. Allein der literarische Anspruch und der Seitenumfang führten zu einer natürlichen Differenzierung.

Lesewettbewerbe sind ebenfalls eine gute Möglichkeit, Lesebegeisterung zu fördern. Ein Verlag hat dies erkannt und ein »Leseprofikonzept« entwickelt. Jeden Monat erhält die Lehrkraft für ihre Klasse einen Satz »Lesetests«. Er besteht aus etwa zwanzig kleinen Leseaufgaben. Bei dem Test geht es darum, möglichst viele Aufgaben in möglichst kurzer Zeit – etwa in fünf Minuten! – durch richtiges Ankreuzen zu lösen, indem man genau hinschaut, was man da liest. Zum Beispiel:

O Die Zugspitze ist der höchste Berg Deutschlands.
O Die Busspitze ist der höchste Berg Deutschlands.
O Die Zugspritze ist der höchste Berg Deutschlands.
(Kreuzen Sie die richtige Antwort an)

An meiner Schule ist diese Übungsform seit vier Jahren festes Element des Deutschunterrichts. Die Schüler, und ganz besonders die Jungs, freuen sich auch im vierten Jahr noch auf jede neue Ausgabe. Im direkten Leistungsvergleich mit sich selbst und anderen hat sich ihre Lesekompetenz tatsächlich nachweisbar verbessert.

Übrigens gibt es solche Lesetests gelegentlich auch in Tageszeitungen.

ANDERE SCHUL-WEGE

In Radolfzell am Bodensee gibt es ein von zwei Berufsschulzentren mit interessantem Angebot. Diese Schule bietet Siebtklässlern aller Schularten den Zugang zum Technischen Gymnasium. Mit einem technisch orientierten Fächerkanon werden die Schüler bis zum allgemeinen Abitur geführt. In der aktuellen Klasse sind dreiundzwanzig Jungen und fünf Mädchen. Das Zahlenverhältnis spricht für sich.

Eine neue UNICEF-Kinderstudie befasst sich mit der Lebenszufriedenheit der neuen Generation. Heraus kam, dass die Selbsteinschätzung der Lebenszufriedenheit bei deutschen Kindern und Jugendlichen extrem abgerutscht ist. Im Vergleich von 29 Ländern stehen die deutschen Kinder und Jugendlichen auf Rang 22! Die Quintessenz der Aussagen: »Sie haben Angst vor Misserfolg.« Wenn Kinder zu solch einer gravierenden Selbsteinschätzung kommen, dann läuft etwas falsch in unserem Erziehungssystem: dann passen ganz offensichtlich unsere Ansprüche nicht zu den Möglichkeiten, die die Kinder erbringen können. Dann habe wir es verlernt, uns in unsere Kinder hineinzuversetzen. Dann haben wir vergessen, dass Kinder Bestärkung, Anerkennung und Freiräume brauchen.

Mädchen funktionieren in diesem System anscheinend erfolgreicher. Jungs sammeln Misserfolge. Warum ist das so?

WIR BRAUCHEN ANDERES LEHRMATERIAL

Explizit für den Grundschulunterricht habe ich eine Puzzleteil-Antwort gefunden. Unsere Schulbücher – das am häufigsten genutzte Lehrmittel – passen häufig nicht zu den Interessen und Neigungen von Jungs. Ein Großteil der Materialien für diese Zielgruppe wird von Frauen erstellt. Wie in vielen kreativen und gestalterischen Bereichen, lassen die Autorinnen ihre subjektiven Vorlieben in die Materialien einfließen, genauso wie Männer sicher ihre persönlichen Text- und Grafikfavoriten haben und darauf zurückgreifen würden. Nun tendieren Frauen bei der Textauswahl und Gestaltung zu »netten« Geschichten, meist mit pädagogisch »wertvollem« Inhalt. Fakt ist aber: In diesen Geschichten ist nichts los – es fehlt an Spannung und Humor. Was wir bei der Auswahl vergessen, ist: Wie wirkt das Material auf Jungs? Motiviert es sie auch? Können sie erfolgreich damit lernen?

Hinzu kommt: In Deutschland wählen die Kollegien der Schulen selbst aus einem Riesenangebot ihre Unterrichtsmaterialien aus. Die Überzahl an Frauen in unseren Lehrerkollegien ist nicht zu übersehen. Was wählt frau also aus? Material, mit dem sie auch selbst gern arbeitet. Betrachtet man Unterrichtsmaterial genauer, möchte ich behaupten, dass Frauen zu sanfteren Bildmotiven, aber auch eher zu herzigen, verspielten Gestaltungen greifen. Das absolute Gegenteil also zu diesen »Star Wars-Karten«, die unsere Jungs in Umlauf bringen und mit denen sie sich beschäftigen wollen. Sie sind von ganz anderen Motiven fasziniert.

Ich habe einmal den Versuch gemacht, Grundschüler an der grafischen Gestaltung einer Schulbuchseite mitwirken zu lassen. Das Ziel war die Illustration eines Wohnhauses einer kleinen frechen Maus. Die Schüler arbeiteten in Gruppen. Jede Gruppe gestaltete einen Raum. Alle Räume wurden zu einem Gesamtmotiv zusammengeführt. Es ergab sich, wie häufig bei Neunjährigen, dass es reine Jungen- und Mädchengruppen gab. Die Mädchen wählten das Wohnzimmer und die Küche. Detailverliebt und bunt war ihr Ergebnis: filigrane Möbel, Pflanzenkübel, Bilder an der Wand und ein Apothekerschrank in der Küche. Es sah wunderhübsch aus. Wie gestalteten die Jungengruppen ihre Bilder? In der Badewanne schwammen Fische und Enten, die Dusch- und Badearmaturen wurden mit einem Fahrradtrafo aktiviert. Das Bett hing an der Decke und war nur mit Muskelkraft und Kletterkünsten zu erreichen. Zwischen den Stockwerken pendelte eine Strickleiter. Das Gesamtkunstwerk der Kinder war fantasievoller, als es sich ein Grafiker je hätte ausdenken können. Zum Glück übernahm der Verlag die Skizze ohne Einschränkung. Arbeite ich heute mit einer Klasse an dieser Buchseite, so sind es vor allem die Jungs, die sich köstlich über die Ideen und Motive amüsieren und einen Riesenspaß beim Lernen haben.

Studiert man die Textauswahl von Lesebüchern, gewinnt man denselben Eindruck. Es reihen sich viele nette Geschichten aneinander, lustige Gedichte und viele Texte, die stets den großen pädagogischen Zeigefinger heben: »So musst du sein!« Oder: »So ist es falsch!«

Was fehlt, sind die wilden Kerle, die Abenteurer, die Piraten, aber auch die unperfekten Jungs. Unsere Lektüren und Leseangebote reißen die Jungs nicht vom Hocker. Es langweilt sie. Ihre Aufmerksamkeit schwindet. Der Lernerfolg bleibt aus.

Lesen ist Geschmackssache. Wer seine Schüler zum Lesen motivieren möchte, muss ihnen alles anbieten: Tageszeitungen, Sportnachrichten, Tiergeschichten, Sach- und Fachbücher, Kinderliteratur mit Romanen und Kurzgeschichten, wenn es sein muss sogar Gebrauchsanweisungen für Haushaltsgeräte und medizinische Beipackzettel.

Es muss ein Umdenken stattfinden. Jungen brauchen ein großes Spiel- und Aktionsfeld beim Lesenlernen. Die wichtigste Regel ist: Es gibt verbindliche Lesezeiten. Inhaltlich füllen kann man sie mit interessanten Leseangeboten, individuellen Buchbesprechungen oder kleinen Wettbewerben.

Im Zeitalter neuer Medien geht man, für Jungen völlig unverständlich, noch sehr vorsichtig an die Nutzung von Computern, Tablet-PCs oder interaktiven Whiteboards heran. Zwar ist die Technik teuer, aber wo ein Wille ist, ist auch ein Weg. Fakt ist: Es scheitert am Willen von vielen Kolleginnen, sich auf die neuen Medien einzulassen. Sie bringen technisch interessierte Schüler um die Chance, auf anderen Wegen zu lernen – mit neuen Medien und dem Internet. Ich halte es für äußerst wichtig, Kinder medienkompetent zu erziehen, das heißt, ihnen die Vorzüge, aber auch die Gefahren von Internet und Co. beizubringen. Auf jeden Fall ist der Umgang mit interaktiven Medien für Jungs überaus motivierend und gehört heutzutage ins Klassenzimmer genauso wie ein Schulbuch.

DIE TÜCKEN DES LIBERALISIERTEN BILDUNGSSYSTEMS

Unser Bildungssystem wurde in den letzten Jahren über die Maßen liberalisiert. »Jedes Kind soll ankommen!«, das ist die Forderung, die dahinter steckt – und man suggeriert, dass jedes Kind, egal wie klug, begabt oder weniger begabt es ist, mit Bravour das Abitur erreicht. Ein individueller Förderwahn ist ausgebrochen. Personifizierter Unterricht heißt das Zauberwort. Jedem Kind sein Arbeitsblatt, jedem Kind sein Kompetenzraster, anhand dessen es (völlig untrainiert in dieser Methode) einsichtig und selbstständig arbeitet. Welch ein irrationaler Trugschluss zu glauben, dass alle Schüler über genügend Selbstdisziplin und Anstrengungsbereitschaft verfügen, um so selbstständig arbeiten zu können, wie es unsere Vision einer freien Entfaltung des Individuums verlangt. Individualisiertes selbst organisiertes Lernen ist sicher ein guter methodischer Ansatz, denn er nimmt die Schüler mit in die Verantwortung. Selbstverantwortlichkeit wollen wir trainieren.

Nur sieht die Realität so aus, dass die Zahl überbehüteter, unselbstständiger Jungen wächst (siehe Kapitel 10) und die Methode von falschen Voraussetzungen ausgeht. In allen Lebensbereichen kann ich von einem Kind selbstverantwortliches Handeln erst erwarten, wenn es im Vorfeld durch klar strukturierte pädagogische Führung mit Vorbildern, Anleitungen und verbindlichen Regeln schrittweise die Kompetenz zur Selbstverantwortlichkeit erlangt hat.

WIR BRAUCHEN MEHR KOMPETENZGRUPPEN.

»Individuelles Lernen« muss also anders als bisher vorbereitet werden.

Grundlage ist ein kompetenzorientierter Unterricht. Wir finden heraus, über welche Kompetenzen der Schüler verfügt und auf welcher Stufe, also auf welchem Kompetenzniveau er steht. Dazu braucht es eine professionelle Diagnostik, die wiederum der objektiven Beobachtung durch eine Lehrkraft beruht. Je konkreter und einfacher die Kompetenzen formuliert sind, desto einfacher sind die Fähigkeiten des Schülers einzuordnen. Eine Lehrkraft, die in Kompetenzstufen denkt und während des Unterrichts gezielt beobachtet, gewinnt an Flexibilität und weiß auch spontan in Lernsituationen die richtige Hilfestellung zu geben. Gleichzeitig kann das aber nicht bedeuten, dass für jedes einzelne Kind ein eigener, ganz individueller Plan geschneidert wird. Nicht einmal der beste Pädagoge könnte dies leisten. Logischer und gewiss genauso effizient sind »Insellösungen«. Es wird immer ein Grüppchen geben, dessen Kompetenzentwicklung ähnlich verläuft. Somit kann man sie auch zusammenfassen. Zwanzig oder mehr Einzellösungen anzubieten, halte ich schlichtweg ressourcentechnisch an unseren Schulen für nicht erfüllbar. Darüber hinaus sehe ich in zu starker Individualisierung die Gefahr, Kinder erst recht zu kleinen »Narzissen« zu erziehen. Gerade Jungs suchen nicht die Eins-zu-eins-Betreuung, das würde für sie ja noch mehr Kontrolle bedeuten. Sehr viel angenehmer für sie ist es, sich in einer Kompetenzgruppe wiederzufinden – mit anderen Kindern auf gleichem oder ähnlichem Niveau. Jungen suchen das Team und sie akzeptieren im Team hierarchische Strukturen. Es ist für sie völlig in Ordnung, sich für die Lösung einer Aufgabe erst einmal unterzuordnen oder vorübergehend als Gruppenführer zu agieren.

Lehrkräfte stecken heute in einem Dilemma. Regelmäßig kommen neue Ideen auf den didaktischen Markt. Wir neigen in unserem Bildungssystem dazu, alte Methoden zu verteufeln und nur noch auf das neue Pferd zu setzen. Das aber ist grundlegend falsch!

Der neuseeländische Pädagoge John Hattie hatte kritisiert, dass zu häufig die Methoden einer direkten Instruktion durch den Lehrer und die eines konstruktivistisch (selbst herleitend, selbst erarbeitend) angelegten Unterrichtens als einander ausschließend gelten. Das konstruktivistische Unterrichten kommt derzeit positiv weg, die direkte, lehrerzentrierte Instruktion wird negativ beurteilt. Diese Ausschließlichkeit und Einseitigkeit widerspricht völlig dem wahren Anspruch von Kindern nach individuellem Lernen, denn was für den einen die perfekte Methode ist, ist für den anderen unmöglich umzusetzen. Statt des Entweder-oder der verschiedenen Methoden ist ein Sowohl-als-auch der richtige Weg.

Die Wahl für eine Lehrmethode ergibt sich aus den Erfordernissen der Schüler und des Unterrichtsstoffes – nicht zuletzt aus der Stimmigkeit mit dem eigenen Lehrerbild. Kein Lehrer kann zu Mitteln greifen, die nicht zu ihm passen. Oder aber er muss sich so stark in die neue Materie vertiefen, dass sie ein Teil von ihm wird.

Um Missverständnissen vorzubeugen: Mit der »direkten Instruktion« ist nicht etwa »Frontalunterricht« gemeint, bei dem die Lehrkraft ausdauernd über ein Thema referiert. Gemeint ist, dass die Lehrperson die ganze Zeit über die Zügel in der Hand behält. Gemeint ist damit ein strukturiertes Unterrichten mit klarer Zielsetzung: ein aktives Einbeziehen der Schüler, eine permanente Überprüfung, ob das Gelernte sitzt und ein angeleitetes Üben unter der Aufsicht der Lehrkraft. Das ist eine Methode, die Jungen liegt, keineswegs weil sie etwas Autoritäres hat, sondern weil sie ihnen Orientierung bietet. Jungen lernen auf diese Weise, dass es für ein erfolgreiches Lernen und Leben sowohl auf das Beachten von Regeln als auch auf Nutzen von Freiräumen ankommt. Das handlungsorientierte Arbeiten lässt sich mit dieser Methode sehr gut verknüpfen. Üben bedeutet ja nicht zwingend, über einem Stück Papier vertieft zu sein und schriftliche Übungen in aller Stille zu erledigen. Auch Rollenspiele oder naturwissenschaftliche Experimente können mit direkten Instruktionen einhergehen. Besonders geeignet ist dieser Ansatz für Kinder, die klare Strukturen und Vorgaben dringend brauchen, für ADHS-Kinder zum Beispiel. Sie fühlen sich bei offenen Aufgabenstellungen häufig verloren.

Dem gegenüber aber werden landesweit individualisierende Lernformen propagiert. Schülerorientierte Lernformen, bei denen der Lehrer nicht exakt vorgibt, wo es lang geht, sondern wo die Schüler selbst anhand von Wochenplänen und Kompetenzrastern ihre Lernziele formulieren und die Reihenfolge ihres Tuns festlegen. Fatalerweise gehen manche Pädagogen so weit, dass sie die Organisation des gesamten Lernerfolgs in Schülerhand legen. Angestrebt wird, dass jeder seinen ganz eigenen Weg findet und gehen darf. Das funktioniert nicht bzw. nur bedingt: Optimal sind die Lernbedingungen nur, wenn eine sinnvolle Ausgewogenheit von Strukturvorgaben und Freiräumen vorliegt.

WENN LEHRMETHODEN SCHEITERN

So geschehen in einer Gemeinschaftsschule: Die ersten Abschlussprüfungen standen an. Die Lehrerin gab den Schülern eine Liste mit Kompetenzen, die in der Englischprüfung erwartet wurden: »Schaut euch die Liste durch. Prüft, was ihr schon könnt. Übt, was noch fehlt. Ihr könnt euch mit euren Mitschülern zusammensetzen und euch gegenseitig helfen. Kommt zu mir, wenn ihr nicht mehr weiter wisst.« Die Schüler machten sich auf den Weg, aber die Prüfung fiel überdurchschnittlich schlecht aus.

Die Lehrerin setzte auf Kompetenzsteuerung und Individualisierung. Sie setzte voraus, dass die Schüler in der Lage waren, sich selbst richtig einzuschätzen, und sie setzte voraus, dass die Schüler bereit waren, sich gegenseitig entsprechend ihrer Bedürfnisse zu unterstützen. Zwei Dinge hat sie dabei übersehen:

Richtige Selbsteinschätzung kann selbst für viele Erwachsene ein schwieriges Unterfangen sein. Es ist eine wertvolle persönliche Kompetenz. Sie setzt nicht nur Selbstvertrauen voraus, sondern auch Ehrlichkeit sich selbst gegenüber.

In einer gleichberechtigten Gruppe zu lernen, ist zudem nicht jedermanns Sache. Zwar lösen Jungs auch gern Probleme in Teams und helfen sich gegenseitig, aber dabei brauchen sie klar definierte Rollen. Kooperatives Lernen scheitert, wenn die Rahmenbedingungen nicht klar sind.

WIE KANN SELBSTGESTEUERTES LERNEN AUCH BEI JUNGEN FUNKTIONIEREN?

Bevor es an das Lernen geht, wird der Schüler mit Standardbeschreibungen konfrontiert. Zum Beispiel: »Ich kann in einem kleinen Text alle Verben finden und unterstreichen.« Die Beschreibungen müssen so konkret sein, dass sie sie mit einem klaren »Ja, das kann ich« oder »Nein, so weit bin ich noch nicht« beantworten können. Grundschüler sind dazu nur bedingt in der Lage. Erst flankiert von einem Test oder einer Eingangsdiagnostik mit einem anschließenden »Coachinggespräch« mit der Lehrkraft findet der Schüler die richtigen Aufgaben, auch »Lernjobs« genannt.

Die Lernjobs sind so gestaltet, das sich die Schüler *aktiv* mit dem Inhalt auseinandersetzen. Sie können dabei auf bereits vorhandenes Wissen zurückgreifen und darauf aufbauen. Je nach Aufgabe kann sie allein oder mit anderen zusammen gelöst werden. Am Ende steht die Lernzielkontrolle. Die Methode ist spannend und funktioniert, …

- wenn die Lehrkraft genügend Zeit verwendet, um mit jedem einzelnen Kind oder der Kleingruppe das Einstiegsgespräch zu führen.
- wenn die Lehrkraft genügend Lernjobs bereithält, die die Kinder wirklich am richtigen Punkt abholen. Oder wenn die Lehrperson Aufgaben so smart (klug) stellt, dass möglichst viele Schüler sinnvoll damit umgehen können. Eine Aufgabe ist smart, wenn sie auf verschiedenen Niveaus und auf unterschiedlichen Zugangswegen gelöst werden kann.

- wenn sich der Schüler sicher genug fühlt und sich auf die Lehrkraft oder seinen Mentor verlassen kann.
- wenn er sich das selbstständige Lernen zutraut.
- wenn er selbstbeherrscht ist. Das ist die Fähigkeit, die Befriedigung eines im Augenblick verspürten Bedürfnisses zugunsten eines höheren Zieles aufschieben zu können.

Konkret bedeutet dies im Falle eines Grundschuljungen:

- »Ich frage jetzt nicht meinen Freund, ob er nachher in der Pause mit mir Fußballkarten tauschen will, sondern mache mich konzentriert an die Arbeit.«
- »Ich gehe jetzt nicht auf die Toilette, obwohl ich mir gerade gern die Füße vertreten würde.«
- »Ich bin bereit, mit Kevin zusammenzuarbeiten, obwohl er mich gestern beim Fangespielen hat stolpern lassen.«

Sie erkennen: Selbst gesteuertes Lernen verlangt enorm viel Selbstdisziplin.

Selbstregulierung ist ein visionäres Ziel, eine Fähigkeit, die durch gute Erziehungsbegleitung aufgebaut werden kann, wenn sowohl das Elternhaus als auch die Institution Schule Lernsituationen dafür bereithält. Aber man kann sie auf gar keinen Fall voraussetzen.

Ob individualisiertes, kompetenzorientiertes Lernen oder Lernen bei direkter Instruktion, beides verlangt eine Lehrperson oder einen Erzieher, der in der Lage ist, sich in die Bedürfnisse und Empfindungen des Kindes hineinzuversetzen, um ihm den richtigen Lernanreiz zu bieten, mit ihm das geeignete Ziel zu stecken und ihn mit den passenden Lernsituationen zu begleiten: Auf den Lehrer, auf den Erzieher, auf die Eltern kommt es an.

GUTE IDEEN FÜR DAS LERNEN IN GRUPPEN

Ein beliebtes und einfach umzusetzendes Beispiel für kooperatives Lernen ist »Think-Pair-Share«: Dahinter versteckt sich die lernpsychologische Erkenntnis, dass neue Erfahrungen nur dann gewonnen und wieder auffindbar im neuronalen Netz des Gehirns abgelegt werden, wenn bereits ein assoziatives Netz besteht, wo es hinzugefügt werden kann. Es lernt nur der, der selber arbeitet.

Zunächst denkt der Schüler eine Minute lang ganz allein über eine Frage nach, schreibt sich sein Ergebnis bei Bedarf auf, anschließend tauscht er sich zwei Minuten mit einem Partner aus. Das Ergebnis wird nun noch mal in einer Vierergruppe oder mit allen verglichen. Wählt man den Weg in die Vierergruppe, ist das Gruppenmitglied, das als letztes an die Reihe kommt, der Zeitwächter! Diese Übungsform hat eine klare Struktur, definierte Zeitfenster und eine vorgegebene Rollenverteilung. Sie ist jungengerecht.

Die Kinder einer zweiten Klasse erlernen die Uhrzeit. Auf einer Spieluhr stellt der Lehrer die gewünschte Uhrzeit ein. Jedes Kind überlegt zunächst leise für sich, anschließend vergleicht es sein Ergebnis flüsternd mit seinem Nachbarn. Anschließend vergleichen die Kinder ihre Ergebnisse im Plenum. Die witzigere Variante: Der Lehrer hebt die rechte Hand und zählt mit den Fingern langsam rückwärts von fünf bis null. Bei »null« rufen alle laut ihr

Ergebnis in den Raum. Der Wechsel aus Ruhephase und explodierendem Geschrei macht den Kindern sichtbar Spaß. Wenn man genau hinhört, kann man falsche Ergebnisse herausfiltern und korrigieren, ohne jemanden bloßzustellen.

In abgewandelter Form kommt diese Methode auch zu Hause zum Tragen. Sitzt ihr Kind über den Hausaufgaben, so sollte es grundsätzlich zuerst ganz allein über der Aufgabe brüten und zu einem Ergebnis kommen. Dieses Ergebnis kann es nun mit einem Geschwisterkind oder einem Elternteil austauschen. Kommen beide zum gleichen Ergebnis und befinden es als korrekt, kann das Kind zur nächsten Aufgabe weitergehen.

In jedem Haushalt fällt Müll an. Eine für alle unterstützende Aufgabe des Grundschulkindes könnte es sein, den Müll vorsortieren zu dürfen: in Papier, Glas, PET-Flaschen, Batterien. Zusammen mit einem »Familienpartner« tauscht das Kind sich aus, weshalb es sich beim Sortieren so entschieden hat. Falsch sortiertes wird gemeinsam korrigiert. Am Schluss packen sie alles gemeinsam in die Container.

Eine andere Situation: Der Familienrat plant den Sonntagsausflug. Jedes Mitglied überlegt zuerst allein für sich und sammelt Ideen. Anschließend tauschen sich immer zwei Familienmitglieder aus. Ihr Ergebnis wird in den Familienrat eingebracht. Wer hat die beste Idee für den Ausflug?

Der Kühlschrank ist leer. Sie müssen einkaufen gehen. Ein Elternteil schreibt genauso wie das Kind einen Einkaufszettel. Was brauchen wir? Was werden wir die nächsten Tage kochen? Gibt es aktuelle Sonderangebote? Anschließend vergleichen Sie die beiden Listen und führen sie zusammen. Ich gehe jede Wette ein, dass Ihr Kind nicht nörgelnd durch den Laden laufen und ständig Süßigkeiten einfordern wird. Es wird sich, da es in die Planung einbezogen wurde, an den Einkaufsplan halten und ist stolz, wenn es alles gefunden und in den Wagen gepackt hat.

Eine besondere Methode aus der Schulpraxis ist der »runde Tisch«: Die Schüler arbeiten in Vierergruppen. Zur Diskussion einer Frage bekommen die Gruppen eine klare Zeitvorgabe (sieben Minuten). Sie bestimmen einen Strukturwächter, der auf die Gesprächskultur und den Inhalt achtet, einen Zeitwächter und einen Regelwächter, der für die Einhaltung der Wochenregel zuständig ist (»Wir lassen uns gegenseitig aussprechen«). Vor dem Austausch überlegt sich jeder Schüler, was er gerne sagen möchte (eine Minute). Der Erste, der spricht, hält einen Stift in der Hand. Die Redezeit ist auf eine Minute begrenzt. Der Stift wird reihum weitergereicht. In der ersten Runde muss sich jedes Gruppenmitglied äußern. Sollen die Ergebnisse ins Plenum weitergetragen werden, wird vorab auch der Gruppensprecher festgelegt.

Im Familienkreis ist es meistens nicht üblich, dass man Diskussion so klar strukturiert. Meist reden die Familienmitglieder durcheinander und die Dominanz einzelner ist oft sehr ausgeprägt. Nicht selten enden Diskussion in Tränen oder Streit. Es ist also durchaus sinnvoll, runde Tische auch zu Hause durchzuführen und sich auf harte, aber faire Regeln einzulassen.

RITUALE SIND MEHR ALS NUR WIEDERHOLUNGEN

Eine gute Ergänzung zu strukturierten Familiendiskussionen wie dem Familienkreis sind Familienrituale, die dem Kind wie ein Sicherheitsnetz den Alltag bereichern. Die kleine Umarmung jeden Morgen, wenn das Kleinkind schlaftrunken am Gitterbettchen steht und auf Mutter oder Vater wartet, ebenso wie das Zu-Bett-geh-Ritual mit Einschlaflied und Gute-Nacht-Geschichte. Die gemeinsame Mahlzeit, die regelmäßige Körperhygiene oder die tröstende Tasse Tee und die wärmende Hand, wenn es sich unwohl fühlt. Rituale geben einen bestimmten Ablauf vor und verschaffen Ruhe. Rituale strukturieren und geben das Gefühl, Situationen unter Kontrolle zu haben. Rituale erleichtern auch das Zusammenleben sowohl in der Familie als auch in der Gemeinschaft. Viele Rituale entspringen unserer Kultur, so wie der Christbaum an Weihnachten und das Ostereiersuchen zwischen Krokussen. Früher war es noch der regelmäßige Kirchgang am Sonntagvormittag. Viele der altvertrauten Rituale haben wir leider verloren. Das ist bedauerlich, denn sie hinterlassen eine »Wohlfühl- und Sicherheitslücke« bei unseren Kindern. Umso wichtiger ist es, sich auf Alltagsrituale zu besinnen: Das können sowohl vertraute als auch neu ausgedachte Rituale sein.

VERÄNDERTE BETREUUNGSSTRUKTUREN

Seit Jahrzehnten wird unser Bildungssystem immer wieder in Frage gestellt. Besonders die Lernpsychologie und die Soziologie beschäftigen sich regelmäßig mit diesem Thema. Eine interessante Frage stellt der Soziologe Hans Bertram: »Was müsste sich am dringendsten am Bildungssystem in Deutschland ändern?« Sein Lösungsvorschlag: »Man müsste sich die Frage stellen, ob es Sinn macht, dass wir die Kinder im Wesentlichen auf ihre kognitive Leistungsfähigkeit hin trimmen. Warum kann man in der Diskussion um Ganztagsschulen nicht darüber nachdenken, wie man dort mehr soziale Aktivitäten, mehr Sport und mehr Musik einbringt? Dann hätten die Kinder das Gefühl, dass sie mehr Freiräume haben, die sie auch selbst gestalten können.«

Der Soziologe Hans Bertram bringt es auf den Punkt. Der Ruf nach gleichen Bildungschancen für alle reduziert sich weitgehend auf den kognitiven Lernbereich. Man erhofft sich von den Ganztagsschulen vor allem die Betreuungsunterstützung für die berufstätigen Eltern. Und die »Mehrzeit«, die die Kinder an der Schule verbringen, sollte möglichst mit schulischen Förderprogrammen gefüllt sein. Politiker glauben, mit Ganztagsschulen den goldenen Schlüssel zur Integration gefunden zu haben.

»GANZTAGESKINDER« – AUFGEHOBEN? ABGESCHOBEN?

Als sich unsere Gemeinde entschloss, an meiner Schule ein Ganztagesangebot in offener Form anzubieten, formulierte eine Mutter ihre Ängste am Informationsabend so: »Wenn ich nun aber meinen Sohn nicht in der Ganztagsschule anmelde, kommt es da nicht ins Hintertreffen?

Den anderen Kindern wird doch bei den Hausaufgaben in der Selbstlernzeit geholfen und vieles nochmals erklärt. Mein Kind ist davon dann ausgeschlossen.« Täglich längere Aufenthaltszeiten an der Schule bedeutete für sie ein Mehrangebot an Unterricht und Förderung.

Gemeinschaftsschulen, die alle als Ganztagsschulen geführt werden, haben im Moment einen großen Zulauf. Eltern erhoffen sich durch die Ganztagesstrukturen eine optimale schulische Förderung für ihre Kinder. Der Aspekt des sozialen Miteinanders, die Förderung der individuellen Kompetenz oder einfach nur eine abwechslungsreiche Freizeitgestaltung sind für sie, wenn man konkret nachfragt, eher nebensächlich. Es gibt an den meisten Grundschulen, die Ganztagsangebote implementiert haben, weder ausreichend Spiel- noch Entspannungs- und Rückzugsmöglichkeiten. Und die Eltern akzeptieren, dass man die Kinder – wenn auch vorübergehend – in Container pfercht, weil die Infrastruktur für eine kindgerechte Ganztagsschule noch gar nicht vorhanden ist.

Würden wir die Bedürfnisse der Jungen ernst nehmen, würden wir nicht nur neue Klassenzimmer und Speisesäle bauen, sondern vor allem Bewegungsräume erschließen.

Seit drei Jahren bietet unsere Gemeinde die Ganztagesbetreuung in einer unserer Kindertagestätten an. Die Plätze sind alle ausgebucht. Die Lage dieser Kindertagesstätte ist wunderbar: Am Rande eines Wohngebietes gelegen, inmitten von Wiesen und Feldern mit einem riesigen, abwechslungsreichen Außenspielbereich und großzügigen, hellen Räumen. Die Kinder, die dort den ganzen Tag verbringen, fühlen sich sichtlich wohl.

In der Ganztagsbetreuung der Grundschule müssen sich die Schüler mit einem sehr viel kleineren Spielbereich begnügen. Obwohl älter, energiegeladener und mehr Freiraum suchend als ihre Kindergartenfreunde, enthält man ihnen die Möglichkeit vor, auch einmal ungestüm zu toben.

Das ist schade und kurzsichtig, denn wenn Kinder ihren Bewegungsdrang nicht ausleben dürfen, sucht sich ihre innere Unruhe andere Kanäle. Konfliktsituationen sind auf diese Weise vorprogrammiert.

ARTGERECHTE HALTUNG?

Liebe Eltern und Erzieher, wie haben Sie eigentlich als Kind Ihre Freizeit verbracht? Ich erinnere mich noch gut daran, wie das bei mir war. Das freie Spiel am Nachmittag war gekennzeichnet durch mehr oder weniger große Horden von Kindern, die sich aus der Nachbarschaft zusammenfanden. Wir belagerten Fußwege, Straßen und Gärten, bestiegen die Bäume in den Grünzonen und verabschiedeten uns auch ab und an, um stundenlang, weit außer Ruf- und Sichtweite, in Wäldern zu stromern oder Bachbetten zu durchwaten. Heute bleiben viele Kinder bis in den späten Nachmittag hinein auf einem langweiligen Schulgelände eingesperrt. Die Infrastruktur ist zugepflastert, übersichtlich und erfreut bestenfalls das geschulte Auge eines Landschaftsgärtners. Um besonders für Jungs eine Wohlfühlarena zu gestalten, müssen wir dringend neu erfinden, was früher selbstverständlich war.

Was sind uns unsere Jungs heute noch wert? Unser Alltag ist voller Qualitätsstandards. Warum gibt es keine angemessenen Standards für Freizeitmöglichkeiten von Jungen? Aus eigenem Interesse haben wir Standards für die Haltung von Tieren geschaffen. Für unsere Kinder ist uns aber nicht viel mehr eingefallen, als Spielplätze gefahrensicher zu machen.

Jungen brauchen einen ganztägig nutzbaren weiten Spiel- und Bewegungsraum, der sie nicht nur einengt, sondern ihnen Freiheiten lässt. Einen Ort, wo man sich mit Gleichgesinnten treffen kann, einen Lebensraum, wo auch noch Platz ist für Pflanzen und Tiere. Ich fordere keine »Jugendheime« für Kinder, sondern eine neue Institution, in der Jungen ihrem Bewegungsdrang und ihrer Neugier nachgehen können. Neben einem Raum für Kommunikation mit variablen Sitzmöglichkeiten, Steinblöcken oder Holzstämmen brauchen wir einen großzügig gestalteten Raum für Spiel und Bewegung. Spielplätze allein reichen nicht aus. Wir brauchen regelrechte Kletterlandschaften. Wir brauchen Anlagen mit Buschwerk, Balancierstämmen, Tunneln, Höhlen und einem Labyrinth. Warum werden solche Freizeitanlagen nicht unter Berücksichtigung des lokalen »Jungenaufkommens« gebaut? Klingt utopisch? Ist aber nötig!

Der betonierte Pausenhof kann einem Spielfeld weichen. Ein weiteres Highlight ist der naturnahe Raum mit Wiese, Hecken und Obstbäumen.

Wie wäre es mit einem Vertrauensbonus für Jungen? Sie dürfen sich austoben, ohne dass eine Betreuerin wachsam daneben steht? Grundschulkinder brauchen keine dauerpräsente Kontrolle. Es genügt, wenn Regeln vorher abgesprochen wurden und die Kinder wissen, dass jederzeit eine Betreuerin oder ein Lehrer auftauchen könnte. Die Praxis aber sieht ganz anders aus. Wo immer es ein Pädagoge wagt, seinen Schülern solche Freiräume einzuräumen, gibt es mindestens ein überbesorgtes Elternpaar, das nach einer permanenten Überwachungsaufsicht für ihren Sprössling ruft.

Natürlich kann nicht der ganze Nachmittag an einer Ganztageschule mit freiem Spiel gefüllt sein. Aber es ist ein wichtiges Element. Neben diesen freien Spielphasen werden zusätzlich konkrete Angebote gemacht. Wie Hans Bertram plädiere ich dafür, die Angebote des Schulganztags nicht zu sehr zu didaktisieren. Der Spaß- und Spielcharakter sollte bewahrt bleiben. Ein breites Spektrum an Sport- und Bewegungsmöglichkeiten neben musischen Angeboten macht viel Sinn. Es hat mich zum Beispiel überrascht, wie viele Jungs an meiner Schule dem Angebot der Musikschule gefolgt sind. Dabei ist das Schlagzeug definitiv das beliebteste Instrument.

Aber auch experimentelle und handlungsorientierte Projekte kommen sehr gut an, wie zum Beispiel das Bauen von Wetterstationen, das Filmen von Videos, das Bearbeiten von Holz oder das Verarbeiten von Steinen.

Lehrer, Eltern und freiwillige Jugendbegleiter haben meist außergewöhnliche und spannende Ideen. Man muss sie nur artikulieren und sammeln – und darf dabei den Blick auf die Bedürfnisse der Jungen nicht verlieren. Noch besser ist es, die Schüler an der Planung mitwirken zu lassen. So zeigen wir ihnen, dass wir sie ernst nehmen. Wir binden sie ein. Sie übernehmen selbst ein Stück weit

Verantwortung für ihre Entwicklungsschritte. Das beste Lob für ein gelungenes Ergebnis, sei es, beim »Räuberfangspiel« erfolgreich gewesen zu sein oder im Schlagzeugunterricht einen neuen Rhythmus gelernt zu haben. Stolz auf sich selbst zu sein, macht zufrieden. Zufriedene und ausgeglichene Kinder sind glücklich und glückliche Kinder entwickeln seltener Aggressionen. All das ist praktische Gewaltprävention.

Wenn wir unsere pädagogische Einstellung gegenüber Jungen überdenken und die Ursachen ihrer Probleme begreifen, wird es uns gelingen, ihre Lebenssituation zu verbessern.

Liebe Eltern, trauen Sie sich: Verbannen Sie Ihren Junior nicht unter eine Käseglocke! Packen Sie ihn nicht in Watte! Hören Sie auf Ihre innere Stimme und glauben Sie nicht alles, was in reißerisch formulierten Presseberichten oder im Internet verbreitet wird. Nein, da lauern an jeder Ecke Gefahren. Jungen dürfen energiegeladen sein und erlebnisorientierten Hobbys nachgehen.

Falls Sie andere Vorstellungen als die Ihnen bekannten Erzieherinnen haben, suchen Sie einen Weg, mit ihnen im Gespräch zu bleiben! Sagen Sie den Erzieherinnen nicht, sie sollen die Kinder vom Kletterbaum zurückhalten. Untersagen Sie Ihrem Kleinen nicht, beim Obstsalatschnippeln mitzumachen, weil er sich sonst in den Finger schneiden könnte. Vertrauen Sie den Pädagogen. Rangeleien auf dem Schulhof müssen nicht immer etwas mit Gewaltexzessen zu tun haben.

Kinder, denen man alle schwierigen Aufgaben und Entscheidungen abnimmt, sind letztlich stärker gefährdet zu verunfallen, weil sie nie mit Risiken konfrontiert wurden und somit nicht gelernt haben, mit Risiken umzugehen. Lassen Sie Ihren Sohn bewusst mit Schere und (einem nicht zu großen) Messer spielen, sie brauchen ihm nur die Regeln zu erklären und ihm eine sinnvolle Aufgabe geben, die er damit bewältigen kann. Lassen Sie ihn auch unbeaufsichtigt mit seinen Freunden auf den Spielplatz oder den Bolzplatz gehen. Halten Sie ihn nicht von allem fern – vor allem nicht vor dem spannenden Leben.

Wir dürfen die Lernbereitschaft unserer Sprösslinge nicht unterschätzen. Mit genügend Freiraum und Grenzen entwickeln sie bestens ihren Charakter und ihre soziale Kompetenz. Zusammen mit anderen als Team mit Strukturen, Regeln und Führung lernen sie, später sicher in ihrer Erwachsenenrolle anzukommen. Ist es nicht das, was wir alle wünschen? Um den Wunschgedanken Wirklichkeit werden zu lassen, müssen wir unsere Haltung und Einstellung ändern. Erreichen können wir Eltern, Erzieher und Lehrer all das, indem wir Erziehungspartnerschaften schließen und nach hilfreichen Programmen Ausschau halten, die uns dabei unterstützen.

HILFSPROGRAMME UND »KONFLIKT-KULTUR«

Seit 1997 existiert das Programm »Konflikt-KULTUR«. Es ist ein komplexes, in der Praxis erprobtes und wissenschaftlich fundiertes Mehr-Ebenen-Programm, das auf Erkenntnissen der Resilienzforschung basiert. Es vertritt die Prinzipien eines autoritativen Erziehungsstils, das heißt, Kinder werden wertschätzend und konsequent geführt und erfahren demokratische und ethische Werte, Normen und Arbeitshaltungen. Erziehende sind durchsetzungsfähig, aber nicht restriktiv. Es bietet positive Rollenmodelle und fördert die Selbstregulation und die Problemlösefähigkeit. Dieses Programm erfüllt alle Kriterien erfolgreicher Präventionsmaßnahmen und deckt sich nahtlos mit dem fußballdidaktischen Ansatz.

Genauso wie das fußballdidaktische Erziehungsprinzip setzt Konflikt-KULTUR auf die Leitziele: Autorität statt autoritär, konsequente und wertschätzende Führung, Stärke statt Macht.

Programme wie »Konflikt-KULTUR« gehören eigentlich verbindlich in das Curriculum jeder Schule. Formen von Team- oder Selbstbehauptungstraining ebenfalls, flankiert vom regelmäßigen Austausch mit den Eltern – steter Tropfen höhlt den Stein.

Als Jogi Löw mit seinem Trainerteam die deutsche Nationalmannschaft 2014 zum Gewinn der Fußballweltmeisterschaft begleitete, lag hinter ihm eine lange Zeit trainerischer Entwicklungsarbeit. Dank seiner Standhaftigkeit und Geradlinigkeit gelang es ihm, auch schwierige Situationen des Misstrauens und der Anfeindungen zu meistern. Gewiss plagten auch ihn Zweifel hinsichtlich seiner Entscheidungen, aber er blieb zielorientiert und standhaft seinem Führungsstil treu. Dafür wurden er und seine Spieler belohnt.

Auch wir als Eltern, Erzieher und Lehrer werden mit unseren Jungs zusammen belohnt werden: Sie werden keine Bildungsversager sein und sie werden ihren Platz in unserer Gesellschaft finden. – Vorausgesetzt, dass wir ihre Bedürfnisse wahrnehmen und unsere Haltung positiv verändern. Es liegt nicht an den Jungen, es liegt an uns Erwachsenen, ob wir gemeinsam erfolgreich sind.

KLAR MUSS UNS SEIN:

Unsere Söhne sind die Indikatoren unseres eigenen Tuns – »Was nützt alle Erziehung, sie machen uns eh alles nach«, sagte Maria Montessori. Wir sind die Leitfiguren für sie. Uns obliegt die Führung durch den strukturlosen Irrgarten unserer Gesellschaft. Wir sind die stabilen Persönlichkeiten, die mit Gelassenheit Freiräume zulassen und mit Konsequenz Grenzpflöcke setzen. Wir sind die Erziehenden, die ihre Söhne mehr lieben als uns selbst.

SCHLUSSWORT

- WARUM JUNGS TROTZDEM MÄNNER WERDEN
- WARUM DIE LEBENSZUFRIEDENHEIT DES EINZELNEN AUCH UNSERER GESELLSCHAFT GUT TUT

Einer meiner Lieblingsplätze zum Nachdenken ist eine Uferbank des jungen Vorderrheins. Sie liegt inmitten der Rheinschlucht. Besonders im Frühjahr, wenn die Schneeschmelze beginnt, bahnt sich das Bergwasser ungestüm seinen Weg durch das Kiesbett. Seit Tausenden von Jahren nimmt das Wasser denselben Weg und formt dabei die Kieselsteine. Es glättet sie, nimmt ihnen die scharfen Kanten des Berggesteins und lässt sie als runde, ovale, große und kleine Steinschönheiten zurück. Aus der Ferne wirken sie beruhigend gleich, aber bei näherer Betrachtung ist doch jeder anders marmoriert und geformt. Jeder Stein hat seine eigene Biografie. Geologisch haben die meisten denselben Ursprung. Die unverminderte Kraft des Flusses verleiht ihnen ihre individuelle Form.

Kann man Steine mit Menschen vergleichen? Zwar ist es nicht einfach so möglich, sie als Lebewesen anzusehen. Dennoch sind Steine Wunderwerke, die sich in Jahrtausenden zu dem entwickeln, was sie heute sind. Sie entwickeln sich und kommen, getrieben durch andere Kräfte, sozusagen »voran« und vor allem »viel rum«.

Der Mensch kann sich im Gegenteil dazu selbstständig bewegen. Die Welt der Menschen ist natürlich auch in vielen anderen Hinsichten anders: Der Mensch hat zwar noch eine Beziehung zur Natur, doch er hat sich als Kulturschaffender sehr von ihr entfernt. Der Mensch hat viele Herrschaftsformen ausprobiert und es kann sein, dass unsere Demokratie noch viele Updates bekommt. Die Menschheit kennt zwei Geschlechter, Mann und Frau, und es gab und gibt unzählige Geschlechterrollen. Im liberalen Westeuropa haben Frauen in den letzten Jahrzehnten enorme Fortschritte gemacht, auch ich habe

Chancen, von denen die Frauen vor 100 Jahren weitestgehend geträumt hätten. Doch aus Sorge vor einem neuen Ungleichgewicht und neuen Ungerechtigkeiten habe ich dieses Buch geschrieben: Ich will keine verlorene Generation von jungen Männern!

Viele Bedürfnisse und Charakterzüge von Männern und Frauen mögen gleich oder ähnlich sein. Doch es gibt auch Unterschiede. Weil wir uns mehr und mehr angewöhnt haben, diese Unterschiede auszublenden, laufen wir augenblicklich Gefahr, den Zug der Gleichberechtigung zu übersteuern und die Jungen auf unserer Fahrt in die Zukunft zu verlieren.

Wollen wir gestärkt aus dieser umwälzenden Genderdiskussion herauskommen, müssen wir schon beide Geschlechter im Blick haben: die Mädchen und die Jungen. Gleichschaltung funktioniert genauso wenig wie das zwanghafte Überstülpen von Ideologien. Das hat uns längst die Geschichte gelehrt.

Gleichberechtigung sieht anders aus. Gleichberechtigung respektiert den Unterschied – sowohl zwischen den Geschlechtern als auch innerhalb der Geschlechtergruppe.

Das Geheimnis glücklicher Jungs liegt darin, sie zu verstehen. 99 Prozent aller Jungs wollen Männer werden. Also müssen wir sie auch dabei unterstützen. Bei der Erziehung von Jungs gibt es nicht den einen Königsweg. Nicht alle Jungs sind dunkelblau getüncht, es gibt sie in allen Farbschattierungen: in kräftigen Primärfarben, in überraschenden Komplementärtönen und in vielen zarten Nuancen.

Wir Eltern, Erzieher und Lehrer müssen lernen, genau hinzuschauen und offen und bereit zu sein für Änderungen in unserem Erziehungsstil, aber auch konsequent und mutig genug, um Bewährtes aufrechtzuhalten. Wir brauchen keine Superhelden, aber wir brauchen eine nachwachsende Generation, die unsere Werte aufrecht und unsere demokratische Gesellschaft zusammenhält.

Ich wünsche mir die verschmitzten Lausbubengesichter zurück und möchte nicht mehr in weinende Jungenseelen schauen müssen und ich möchte kein Zeitzeuge einer Gesellschaft sein, die ihr wichtigstes Gut – ihre Erben – an politisch radikale oder scheinbar religiös motivierte Fanatiker verliert. Die Kriterien des fußballdidaktischen Prinzips dienen der Förderung des Einzelnen und auch der Lösung gesamtgesellschaftlicher Probleme: Wir brauchen eine Generation von Jungen, die einen Sinn haben für:

- individuelle Freiheiten und Grenzen
- wohltuende Bewegung und körperliche Anstrengung
- inspirierende Leitbilder
- Respekt und Anerkennung
- die Ausgewogenheit aus Rechten und Pflichten
- Teamzugehörigkeit
- Eigenverantwortung.

Waren wir nicht alle begeisterte Fans unserer Fußballnationalmannschaft 2014? Lasst uns auch wieder begeisterte Fans unserer Jungen und Söhne sein. In diesem Sinne frei nach Andreas Burani: Ein Hoch auf sie – und auf ihr Leben!

... Ach ja – bevor wir es vergessen – eine gehörige Portion Humor gehört zur Erziehung immer dazu!

LITERATUR

Arnold, Rolf: Emotionale Führung, in: Schulverwaltung Baden-Württemberg (2) 2015.

Bailey, Richard: Physical Education and Sport in Schools. A Review of Benefits and Outcomes (first published online 15.09.2006), in: Journal of School Health. Vol. 76, S. 397–401.

Bertram, Hans / Ehlert, Nancy (Hg.): Familie, Bindungen und Fürsorge. Familiärer Wandel in einer vielfältigen Moderne. Leverkusen: Verlag Barbara Budrich 2011.

Bertram, Hans / Deuflhard, Carolin: Die überforderte Generation. Arbeit und Familie in der Wissensgesellschaft. Leverkusen: Verlag Barbara Budrich 2014.

Bischof-Köhler, Doris: Geschlechtstypisches Verhalten von Jungen aus evolutionstheoretischer und entwicklungspsychologischer Perspektive, in: Handbuch Jungen-Pädagogik, hg. von Michael Matzner / Wolfgang Tischner, Weinheim: Beltz 2008, S. 18–33.

Bös, K., Opper, E.&Woll, A.: Fitness in der Grundschule. Wiesbaden: BAG 2002.

Carrington, Bruce / Pete Tymms / Christine Merrell: Role models, school improvement and the ›gender gap‹ – do men bring out the best in boys and women the best in girls?, in: British Educational Research Journal, Volume 34 (2008), S. 315-327.

Cronin, Helena: The Darwin Impresario, in: Times Higher Education, 21.10.1996.

Diefenbach, Heike: Jungen und schulische Bildung, in: Handbuch Jungen-Pädagogik, hrsg. von Michael Matzner / Wolfgang Tischner, Weinheim/Basel: Beltz 2008, S. 92–108.

Frey, Bruno S.: Fußbälle statt Bomben, in: Weltwoche (42) 2014.

Furedi, Frank: Die Elternparanoia. Warum Kinder mutige Eltern brauchen. Eichborn: Frankfurt 2002.

Generation Angsthase, aus: beobachter.ch, 1.11.2013.

Geschlecht, Gesundheit und Krankheit, hg. von Klaus Hurrelmann/Petra Kolip, Huber: Bern 2002.

Geschlechtersensibler Schulsport, in: Sportpädagogik. Zeitschrift für Sport, Spiel und Bewegungserziehung (6), Friedrichverlag 2012.

Grüner, Thomas / Hilt, Franz / Tilp, Corinna: Bei STOPP ist Schluss! Werte und Regeln vermitteln (1. bis 10. Klasse). Hamburg: Verlag Persen in der AAP Lehrerfachverlage GmbH 2014.

Hattie, John: Visible Learning, Routledge [Pädagogische Studie] 2009.

Hesch, Rolf-Dieter / Bosch, Gerald: Absolut Mann. Fit bleiben und gut aussehen. Die besten Strategien, München: Midena 2001.

Hüther, Gerald: Resilienz im Spiegel entwicklungsneurobiologischer Erkenntnisse, in: Opp, Günther / Fingerle, Michael (Hg.), Was Kinder stärkt. Erziehung zwischen Risiko und Resilienz. Basel: Ernst Reinhardt Verlag 2008.

ders.: Männer. Das schwache Geschlecht und sein Gehirn. Göttingen: Vandenhoeck&Ruprecht 2009.

Hurrelmann, Klaus: Jungen als Bildungsverlierer. Weinheim: Beltz 2012.

ders.: Kinder stark machen für das Leben. Freiburg: Kreuz Verlag 2014.

Jungen werden in der Schule benachteiligt, in: Schulverwaltung Baden-Württemberg (4) 2012.

Kasten, Hartmut: Soziale Kompetenzen: Entwicklungspsychologische Grundlagen und frühpädagogische Konsequenzen. Berlin: Cornelsen Scriptor 2008.

Langer, Fred: Die geteilte Kindheit, in: GEO (07) 2012.

Largo, Remo H.: Schülerjahre. Wie Kinder besser lernen. München: Piper 2013.

Ders.: Wer bestimmt den Lernerfolg: Kind, Schule, Gesellschaft? München: Beltz 2013.

Lenzen, Dieter: Gleichbehandlung und Erziehung, D. Lenzen, in: Berliner Morgenpost, 11.3.2007.

Löll, Christiane: Wie gleich sind Jungen, in: Südkurier, 25.6.2012.

Männer und Frauen. Wie groß ist der kleine Unterschied?, in: Magazin. Die Zeitschrift der Universität Zürich (4) 2013, S. 23ff.

[Netzwerk schulische Bubenarbeit:] www.nwsb.ch.

Nitsch, Cornelia / Hüther, Gerald: Kinder gezielt fördern. München: Gräfe&Unzer 2014.

Rohrmann, Tim: Lernen Jungen ander(e)s als Mädchen? Zusammenhänge von Bildung und Geschlecht, in: Brauchen Jungen eine andere Erziehung als Mädchen?, hg. von Andreas Neider, Stuttgart: Verlag Freies Geistesleben 2007, S. 11–41.

ders.: Jungen in der Grundschule, in: Handbuch Jungen-Pädagogik, hrsg. von Michael Matzner / Wolfgang Tischner, Weinheim/Basel: Beltz 2008, S. 109–122.

Schwarz, Patrik: Frauen an der Macht. Ein Streitgespräch mit Maybrit Illner, in: Die Zeit, 13.12.2012.

Spitzer, Manfred: Lernen. Gehirnforschung und die Schule des Lebens. Heidelberg: Spektrum 2007.

Winterhoff, Michael: Warum unsere Kinder Tyrannen werden. Gütersloh: Gütersloher Verlagshaus 2009.

Bibliografische Information der Deutschen Nationalbibliothek

Die Deutsche Nationalbibliothek verzeichnet diese Publikation in der Deutschen Nationalbibliografie; detaillierte bibliografische Daten sind im Internet über https://portal.dnb.de abrufbar.

FSC
www.fsc.org
MIX
Papier aus verantwortungsvollen Quellen
FSC® C014496

Verlagsgruppe Random House FSC® N001967
Das für dieses Buch verwendete FSC®-zertifizierte Papier *Munken Premium Cream* liefert Arctic Paper Munkedals AB, Schweden.

1. Auflage

Coverfoto: © Andy Goodwin/Corbis
Illustrationen: Joachim Böhm
Druck und Einband: GGP Media GmbH, Pößneck
Printed in Germany
ISBN 978-3-579-07095-7

www.gtvh.de